L'AGRAMMATISME

R. TISSOT, G. MOUNIN, F. LHERMITTE
AVEC LA COLLABORATION DE G. DORDAIN

L'AGRAMMATISME

Étude neuropsycholinguistique

—CHARLES DESSART, ÉDITEUR—

2, GALERIE DES PRINCES, BRUXELLES

> *« Jede Tatsache, die uns die Linguistik bereit stellt, entspringt einer Massenerfahrung am Gesunden und muss für das Verständnis des Individualexperiments, das die Natur am Aphasischen gemacht, verwertbar sein ».*
>
> A. PICK

© Charles Dessart, Bruxelles 1973

CHAPITRE PREMIER

Rappel historique et définition

L'histoire de l'agrammatisme est pratiquement aussi longue que celle de l'aphasie; l'ouvrage de Küssmaul « Die Störungen der Sprache », dans lequel apparaît pour la première fois le terme d' « agrammatisme », parut en 1878, soit deux ans après le mémoire de Wernicke. Küssmaul intitule le chapitre qu'il consacre à ce sujet « Les troubles syntactiques de diction, agrammatisme *et* [1] akataphasie ». Faisant référence à Steinthal, il veut distinguer deux aspects des troubles de la grammaire : le premier porte sur l' « arrangement des mots » ou bien encore sur la syntaxe dans le sens le plus étroit; le deuxième, sur l' « inflexion des mots » ou bien encore sur la grammaire dans le sens le plus étroit. Küssmaul ébauche donc déjà la distinction moderne entre syntaxe proprement dite et morphologie. Il semble également penser, mais n'est pas très clair sur ce point, qu'il faut réserver le terme d'agrammatisme aux perturbations de l'arrangement de l'ordre des mots dans la phrase et celui d'akataphasie (du grec « akatalectique » : qui n'a pas de finale) à la perte des inflexions grammaticales.

Dès lors, l'histoire de l'agrammatisme est marquée par deux particularités. Si l'on suit la classification de Brain, les auteurs classiques, qui se sont particulièrement intéressés à ce trouble du langage, se rangent, à l'exception de Kleist, dans le groupe des « cliniciens psychologisants ». En France, Pitres, en 1898, consacre un chapitre entier de ses leçons sur l' « aphasie amnésique » à l'agrammatisme; puis, il faudra attendre Ombredane et Alajouanine pour voir l'agrammatisme retrouver droit de cité en tant qu'entité. Pierre Marie et ses élèves Moutier et Foix, comme Dejerine, ne font que mentionner le style télégraphique, la simplification des phrases, en tant que symptôme accessoire de l'aphasie de Broca. Ainsi, *agrammatisme* ne figure pas dans l'index de la « Sémiologie

---

[1] C'est nous qui soulignons.

du Système Nerveux » de DEJERINE. En Allemagne, après KÜSSMAUL, dont l'œuvre porte sur l'ensemble des fonctions psychologiques du langage, les travaux classiques les plus marquants, hors les études de KLEIST, sont ceux de PICK, de GOLDSTEIN, d'ISSERLIN qui, tous, récusent l'associationnisme, qu'ils se réclament de JACKSON, de la « psychologie de la pensée » (École de Wurtzbourg) ou de la « psychologie de la forme ». Deuxième particularité : les grandes études classiques consacrées à l'agrammatisme sont l'œuvre d'auteurs germaniques. Rien d'étonnant à cela, la complexité de la grammaire allemande fait de cette langue un terrain d'élection pour les manifestations de ce déficit, terrain d'ailleurs peut-être trop fertile, car il n'est pas étranger à l'extension certainement trop large qu'on a donnée à ce concept. Enfin, comme l'attestait déjà la « Grammaire générale de Port-Royal » et comme l'a explicitement formulé PICK, la syntaxe et ses désordres fournissent un objet privilégié à l'étude de ce qu'OMBREDANE appelle le « progrès de la pensée au langage ».

Depuis 15 ans, le relais a été pris par des équipes qui comprennent, outre des cliniciens, des linguistes et des psycholinguistes. En font foi les travaux de PANSE et coll. en langue allemande, de JAKOBSON, de GOODGLASS et coll. en anglais et d'HECAEN et coll. en français.

*
* *

D'après PITRES, la première observation d'agrammatisme, en français tout au moins, remonterait à 1819; elle est due à DELEUZE et est citée dans l'histoire critique du magnétisme animal. La malade dont il est question, « en parlant, n'employait absolument que l'infinitif des verbes et elle ne faisait usage d'aucun pronom. Ainsi, elle disait très bien « souhaiter bonjour, rester, mari venir ». Elle ne faisait absolument aucune conjugaison ». PITRES, pour sa part, note que « les malades ne construisent plus de phrases. Ils parlent nègre ». Il donne en exemple le récit de sa maladie fait par un patient agrammatique âgé de 27 ans, 2 ans après un accident vasculaire cérébral d'origine spécifique : « Le 13 février 1894... j'étais au chai... depuis hier, fatigué, éreinté... alors au téléphone, allo, allo. Vous êtes là Monsieur? et tout à coup je tombe. Ah! ah! ah! Alors tous les commis : Charles! qu'avez-vous? Moi : la tête, la tête. Les commis : vite, un médecin. Moi non, non. Puis je m'en vais seul chez moi... Tiens! la porte fermée... Ma mère au marché... j'ai la clef... Ouvrez, fermez... Je m'en vais me coucher. Je dors et après le matin... je ne parle plus ». PITRES insiste sur le fait que ce malade n'avait aucun trouble de l'articulation, qu'il répétait tout ce que l'on voulait sans difficulté. « Il lit, dit-il, sans peine à haute voix et comprend ce qu'il lit ». « Si on le prie d'écrire, il trace correctement les caractères, mais il n'y a pas plus d'associations des mots dans ses phrases écrites que dans ses phrases parlées ». « Hier bureau, j'écrivais, les livres, permis acquits. Grande expédition. Le soir, le dîner, puis, au café, manille aux enchères : puis je vais me coucher ». Il souligne encore que ce malade a gardé sa capacité de travail comme employé de commerce. Il accomplit même les calculs d'intérêts les plus compliqués, mais il ne peut transcrire que des lettres ou des factures. Il a conservé ses aptitudes musicales. PITRES rapporte le récit suivant de Carmen que le malade agrémente des airs correspondants à l'ocarina. « D'abord, un jeune homme... soldat... (il fait le geste de se promener) et juste une jeune fille... (il joue : l'amour est enfant de Bohême etc.). Alors, le soldat... (geste d'admiration amoureuse)... Après, nous allons déserter (il joue : là-bas, là-bas dans la montagne etc.) Puis... la contrebande... et puis le toréador (il joue : toréador en garde et) et le toréador avec Carmen... et juste le soldat ! alors un coup de poignard ».

Le commentaire de PITRES est des plus sobres ; il se contente de l'analogie devenue classique de style nègre et se garde de toute affirmation absolue. Contrairement à DELEUZE, il a certainement remarqué que son malade, pour employer des infinitifs, conjuguait aussi les verbes et utilisait des pronoms. Pour rester cohérent avec sa thèse, il avance, mais sans trop de conviction, qu'il s'agit d'un trouble de la mémoire de la construction des phrases. Il est frappant que ce contempteur de l'associationisme avant l'heure, ce grand clinicien qui réhabilite la notion d'amnésie pour l'opposer à la perte des images mentales, évite d'attribuer l'agrammatisme à l'oubli du vocabulaire.

Par la suite, jusqu'à OMBREDANE et ALAJOUANINE, l'agrammatisme restera dans la littérature française un aspect de la réduction du langage de l'aphasie de BROCA. Ainsi, DEJERINE se contente d'indiquer : « A des degrés moindres, le malade ne peut prononcer que les noms propres, les verbes, la phrase se réduit alors à ses mots essentiels. Les verbes sont à l'infinitif (style nègre) ou même sont omis (style télégraphique) ».

Au contraire, en Allemagne, l'agrammatisme va rester un sujet de préoccupation constant des aphasiologistes et fera l'objet d'un chapitre particulier dans toute revue générale consacrée à l'aphasie. En 1897, (Gehirnpathologie), MONAKOW note que l'agrammatisme est le fait de lésions de la zone du langage survenues chez des sujets jeunes. En 1902, avec BONHOEFFER, il marque la différence entre les troubles de la grammaire dans l'aphasie motrice et l'aphasie sensorielle. Dans l'aphasie motrice, les substantifs sont correctement employés, alors que la structure de la phrase est très déficiente ; dans l'aphasie sensorielle, la structure de la phrase ne serait pas perturbée comme telle, mais secondairement à des méprises portant sur les locutions.

Mais, 1913 est la date la plus marquante dans l'histoire de l'agrammatisme. Cette année voit paraître le livre de Pick « Die agrammatischen Sprachstörungen » et deux importants articles de Kleist et Goldstein. La meilleure description et systématisation sémiologique est certainement celle de Kleist. Il la précisera d'ailleurs encore dans son ouvrage consacré à la pathologie de guerre (1934). Pour cet auteur, il convient de distinguer deux formes d'agrammatisme, non seulement parce qu'elles surviennent dans des contextes aphasiques différents, mais parce que, pour porter toutes deux sur la grammaire, elles n'en sont pas moins différentes par leur sémiologie et, probablement, par leur physiopathologie. La première est « l'agrammatisme moteur » qui s'observe lors de la régression d'une « aphasie motrice » et qui représente une étape généralement fixée de la réduction du langage de l'aphasique moteur. Kleist insiste d'abord sur la rareté de ces cas et marque qu'ils s'observent à la suite de perte brutale du langage relevant d'accident vasculaire ou de traumatisme. Alors qu'il n'en avait relevé que 3 cas en 9 ans de pratique, dans un grand service avant 1914, il fait état de 8 cas dans son expérience de guerre (plaies cérébrales).

L' « agrammatisme moteur » existe dans le langage écrit et dans la lecture, comme dans le langage oral, même s'il y est quelquefois moins marqué. Dans l'écriture, la ponctuation fait souvent défaut et pour Kleist, ce trait doit être rapproché de la dysprosodie qui peut être observée dans le langage oral. Les termes de style télégraphique ou de style de dépêche sont de bonnes images, mais ne suffisent pas à caractériser ce langage. Les mots sont employés sous leur forme d'origine, les substantifs au nominatif, les verbes à l'infinitif ou sous forme de participes. Les termes dérivés ou composés comme les mots grammaticaux spécifiques, articles, prépositions, particules, mots de liaison font défaut. L'ordre des mots subsiste généralement, mais incomplètement. La prosodie peut suppléer à l'absence de syntaxe, mais dans d'autres cas, elle est également touchée. Pour Kleist, le principal trouble porte sur l'organisation de la phrase, mais également sur l'organisation des tournures grammaticales. Les différents aspects de l' « agrammatisme moteur » correspondent à des degrés de gravité. Les malades les moins atteints ne présentent que des difficultés dans la composition des mots (mots composés de l'allemand) et ils construisent de faux néologismes. A un degré de plus, c'est le pouvoir de dérivation qui est atteint. Mais, pour ce trouble, Kleist donne des exemples assez composites, geben/gegeben, gunst/ungunst, sicht/nachsicht, dankbar/dankbarkeit. Ces perturbations sont la règle dans le style télégraphique, elles s'accompagnent de la suppression des mots grammaticaux, mais celle-ci n'est jamais totale. Un degré plus bas, l'ordre des mots est perturbé et l'on observe des « syntaktischen Fehler », en même temps les phrases dont l'ordre des termes est respecté sont très simplifiées. Au niveau le plus bas, le discours n'est plus fait que de mots isolés. Pour lui, ces divers degrés de gravité de l'agrammatisme peuvent être mis en parallèle avec les divers degrés de réduction du langage de l'aphasique moteur : la suppression complète, les stéréotypies et le langage réduit. Mais il ne s'agit que d'un parallélisme et non d'un lien de causalité directe. Car, dit-il, les agrammatiques moteurs présentent souvent des troubles arthriques et souffrent fréquemment d'un défaut du mot, mais tous les malades qui ont des troubles arthriques ne sont pas agrammatiques et il est des agrammatiques qui ne présentent ni troubles arthriques, ni défaut du mot.

Le « paragrammatisme » s'observe dans le contexte des « aphasies sensorielles ». Ici, pour KLEIST, la phrase conserve sa structure, mais les procédés grammaticaux sont mal choisis, se contaminent les uns les autres. Le déficit quantitatif des procédés grammaticaux n'est pas voyant; apparaissent nettement, par contre, les erreurs : les flexions sont fausses, les mots de liaison sont mal employés. L'ordre des mots est souvent davantage perturbé que dans l'agrammatisme moteur. Cependant, KLEIST n'y voit pas le signe d'une perte de la structure de la phrase en tant que telle, mais bien plutôt une rupture de la cohérence syntaxique par tous les phénomènes « para » qui caractérisent l'aphasie sensorielle et qui réalisent en quelque sorte des espèces d'anacoluthes pathologiques.

Dans ses écrits postérieurs à l'article de SALOMON (cf. plus bas), KLEIST précise que l' « agrammatisme moteur » ne s'accompagne pas habituellement de perturbations de la « compréhension des formes grammaticales » alors que c'est l'inverse pour le « paragrammatisme » où elles sont la règle.

KLEIST considère que ces deux formes d'agrammatisme ressortissent à des troubles du langage et non à une perturbation de la pensée antérieure à sa mise en forme dans l'expression verbale. Par là, il s'oppose très nettement à PICK, comme à GOLDSTEIN et même à ISSERLIN, qui hésitera à ne voir dans l'agrammatisme qu'une perturbation de l'instrument langage. Mais alors que KLEIST a pratiquement passé à côté du renouveau de la psychologie du début du siècle, les auteurs précédents sont nettement « psychologisants ».

Tandis que la psychologie philosophique du 19e siècle avait pratiquement réduit la pensée à un jeu d'images visuelles et auditives diversement associées, la psychologie expérimentale du début du siècle devait vivement réagir contre ces simplifications confinant le sujet pensant au rôle de robot, doué de mémoire, enregistreur passif du monde extérieur. En France, BINET constate que la pensée peut fort bien se dérouler sans être accompagnée d'images; que lorsque celles-ci apparaissent, elles ont plutôt le caractère d'illustrations statiques qui interrompent momentanément le cours de la pensée. « Il est vraisemblable, dit-il, que ces deux modes d'activité psychologique, l'imagerie et la réflexion, soient essentiellement différents et antagonistes ». Rejoignant par là le célèbre aphorisme de GOETHE « au début était l'action » BINET écrit « penser c'est se retenir d'agir ». On sait assez à quel avenir ces vues profondes seront promises à travers les œuvres et les écoles de WALLON et PIAGET.

En Allemagne, la « Denkpsychologie » de l'École de Wurtzbourg, s'attaquait au jeu de prismes des associations d'images en développant au maximum les techniques d'introspection expérimentale. Ces dernières devaient trouver ultérieurement leurs compléments objectifs dans la « psychologie de la forme ». Comme le rappelle avec éclat OMBREDANE, les « Wurtzbourgeois » devaient être amenés à décrire « comme éléments primordiaux de la pensée qui cherche à se formuler, des états psychologiques spéciaux, non réalisés en images, non verbalisés intérieurement, susceptibles d'être définis comme un sentiment intellectuel, comme un savoir implicite, comme une orientation méthodique de l'effort intellectuel, comme une détermination formelle préalable de la réponse attendue. Ces aspects non figurés et ineffables de la pensée... peuvent être groupés sous le terme d' « *attitude de conscience* (Bewusstseinsanlagen) ». Pour y parvenir, le sujet doit faire un travail de préparation dont résulte « une orientation générale de l'attention, un « montage » du sujet (Einstellung) ». L'intérêt pour ces étapes d'une pensée qui se pense elle-même, ne va pas sans un certain goût romantique du mystère qu'illustre bien l'œuvre de Thomas MANN. Il pénètre profondément toute la philosophie allemande de l'époque. Les cliniciens n'y échappent pas et, dans le domaine de la pathologie du langage, l'étude de l'agrammatisme leur paraît particulièrement propre à cerner de plus près ces étapes de la pensée.

A cette toile de fond, s'ajoutait encore pour PICK la préoccupation d'illustrer et de faire connaître la doctrine évolutive de H. JACKSON. Il dédie, en effet, en 1913, son volume consacré aux troubles agrammatiques dans l'aphasie à ce maître « le plus profond penseur en neuropathologie du siècle dernier ». Ce livre devait constituer la première partie d'un ouvrage, dont la deuxième plus directement consacrée à la clinique n'est jamais parue. PICK veut y exposer une théorie moderne de la psychophysiologie du langage et de ses troubles. L'agrammatisme n'y occupe une partie centrale que parce qu'il pose des problèmes qui ne sauraient être résolus à travers les conceptions simplistes qui voient dans le mot, image visuelle, auditive ou motrice, l'unité atomistique dont les lois d'association et de composition rendraient compte à la fois de la pensée et du langage. Pour PICK, comme pour tous les linguistes allemands de l'époque, si une unité de pensée et du discours existe, c'est la phrase. D'une façon très révélatrice, il retient la définition de STERN « la phrase est l'expression d'une attitude réalisée ou sur le point de se réaliser dans un contenu de conscience ». Elle montre bien que PICK rejoint ici les préoccupations de la « Denkpsychologie ». Elle permet également de faire sa part à l'aspect affectif du langage qui n'est qu'exceptionnellement une expression neutre de la pensée du sujet. On parle pour se faire comprendre avec une intention de communiquer, une intention d'influencer l'interlocuteur. Le discours est donc un acte qui engage et comme tel, il procède plus ou moins directement de l'état affectif du sujet. Il s'inscrit dans un contexte d'automatisation ou, au contraire, d'élaboration volontaire. Toute communication n'exprime jamais tout ce qui est exprimable, elle tient compte de l'information connue à la fois de l'interlocuteur et de l'auditeur. Ce présupposé connu dépend de la situation, il est généralement grand dans les messages à forte composante affective ou dans les situations concrètes qui impliquent beaucoup d'informations extra-linguistiques. Ce présupposé connu dépend aussi des moyens d'expression dont dispose le locuteur. L'aphasique est ici très désavantagé et, comme l'enfant qui apprend sa langue maternelle, ou comme le locuteur qui possède mal une langue étrangère, il doit compter sur le présupposé connu. Le langage de l'agrammatique est précisément caractérisé par une modification criante de la proportion du supposé connu et de l'exprimé au profit du supposé connu. Mais cette conduite d'économie n'est pas délibérée comme chez le locuteur qui élabore un télégramme, elle traduit une nouvelle attitude du sujet, souvent inconsciente, qui n'est que l'expression de son adaptation à la maladie.

A travers la grammaire et la syntaxe, on saisit une partie des étapes qui mènent le sujet de la pensée nue à sa formulation verbale. Dans ces conditions, on conçoit que l'agrammatisme puisse parfois n'être que le reflet d'un défaut de l'élaboration de la pensée. Tel est le cas chez le sujet normal lorsqu'il n'arrive pas à ordonner son discours, chez l'oligophrène, dont la pensée n'a pas dépassé le stade « hypologique ». Mais alors, selon PICK, on devrait plutôt parler de pseudo-agrammatisme. L'agrammatisme est souvent secondaire au défaut du mot. Chez ces sujets, dont l'élaboration de la pensée n'est pas perturbée, l'effort nécessaire pour évoquer les mots est si grand qu'il les conduit à sacrifier toute réalisation verbale qui ne soit pas indispensable. C'est le style télégraphique. Inversement, le recours aux procédés grammaticaux peut être rendu difficile par une incontinence verbale faite de termes approchés ou paraphasiques. C'est l'équivalent du paragrammatisme de Kleist, dont Pick admet qu'il est secondaire à l'atteinte des circonvolutions temporales, dont une des fonctions est de contrôler et freiner l'émission verbale. La logorrhée, signe positif au sens de Jackson, compromet l'inclusion des mots dans les mailles de la phrase.

Au total, en schématisant un peu, il apparaît qu'en aucun cas, pour Pick, l'agrammatisme ne représente *per se* un déficit linguistique. Il s'agit toujours d'un phénomène secondaire traduisant une attitude du sujet s'adaptant ou s'accommodant à une situation nouvelle. Il est tantôt signe négatif, au sens de Jackson, tel le pseudo-agrammatisme de l'oligophrénie, tantôt signe positif comme le style télégraphique du malade qui concentre toute son énergie à vaincre son déficit lexical.

La conception de Goldstein est très voisine de celle de Pick. Mais, plus systématique, il renonce au terme d'agrammatisme et son article princeps s'intitule : « Ueber die Störungen der Grammatik bei Hirnkrankheiten. » C'est à juste titre, dit-il, que A. Pick a mis l'agrammatisme au premier rang des troubles aphasiques. Pour comprendre ce trouble, il faudrait traiter d'abord des relations entre la pensée et la parole qui sont à la base de la structure grammaticale ». « La pensée... est une activité spécifique qui a un caractère d'unité qui est globale... » Mais « à l'intérieur de ce fait global, il y a déjà une organisation, un ordre grammatical non verbal... ». « Cette grammaire de la pensée se révèle dans l'ordre syntaxique ». ...« le langage ne se contente pas de reproduire cet ordre de la pensée. Il s'y surajoute des modifications considérables grâce à l'addition de moyens de représentation purement verbaux : l'ordre des mots, la flexion, l'introduction des mots de liaison... ». Le point intéressant qui marque une différence d'avec Pick est que, pour Goldstein, il existe une grammaire de la pensée. Il admet bien que l'ordre des mots dans le langage n'est pas la traduction directe de cette syntaxe non verbale, mais nul doute que pour lui, les deux phénomènes soient liés. On comprend que Kleist qui, le premier, a insisté sur une perturbation de l'ordre des mots dans « l'agrammatisme moteur » s'insurge contre cette façon de voir et souligne que s'il existe une syntaxe de la pensée, celle de ses malades n'était pas perturbée.

Cette conception conduit Goldstein à diviser « les modifications grammaticales chez les malades cérébraux... en deux groupes principaux ».

1. « Altérations qui résultent de troubles intellectuels.

2. « Altérations grammaticales causées par des anomalies spécifiques du langage ». Ces derniers comportent également deux catégories : la première correspond au style télégraphique. « On peut le caractériser négativement par l'absence de tous les mots qui ne sont pas absolument indispensables à se faire comprendre. Cette économie de mots manifeste la détresse verbale des aphasiques ». Mais cette dernière ne suffit pas à l'expliquer : « ce ne sont pas les mots les plus difficiles à prononcer qui disparaissent surtout; il y a bien plutôt un choix défini qui consiste à préférer les mots indispensables à ceux qui ne le sont pas et à tirer parti du secours que peuvent offrir l'ordre syntaxique et la situation elle-même. Cette propriété positive du style télégraphique indique qu'il traduit une attitude mentale parfaitement définie qui tend à utiliser au maximum la capacité verbale qui a pu subsister ». Ce qui n'était indiqué qu'avec prudence chez Pick devient ici position dogmatique. Un élément intéressant parmi ces affirmations tient dans ce postulat. Dans le style télégraphique, la syntaxe positionnelle supplée au déficit de la morphologie et des outils grammaticaux. A nouveau, on comprend l'opposition de Kleist qui, en fin sémiologiste, a observé que souvent dans le style télégraphique l'ordre des mots n'est pas entièrement respecté.

Au style télégraphique, s'oppose le paragrammatisme, terme auquel Goldstein se rallie. « Ce trouble est caractérisé surtout par la confusion des flexions caractéristiques, des formes de déclinaisons, des particularités des diverses langues et coexiste avec une certaine richesse de vocabulaire »... « En outre, la construction générale de la phrase est troublée ». Ici encore, le conflit avec Kleist est manifeste. Pour ce dernier, contrairement à ce qui s'observe dans l'agrammatisme moteur, la structure générale de la phrase est conservée dans le paragrammatisme. Si l'ordre des mots y est souvent perturbé, c'est qu'ils sont fréquemment employés à contresens et que le malade se lance dans des constructions syntaxiques non compatibles avec le vocabulaire utilisé d'où l'impression d'anacoluthe pathologique que donne son discours. De fait Goldstein admet bien que « l'altération des concepts de mots doit nécessairement retentir sur la construction grammaticale ». Pour lui, ces difficultés lexicales entraînent à nouveau une néo-attitude mentale du patient qui simplifie ses phrases et tend à les construire sur le même modèle. « Si le malade s'efforce à réaliser une construction plus compliquée, on obtient un très grand désordre, tant dans la succession des mots que dans leur forme ». Pour peu claire que soit l'interprétation goldsteinienne du paragrammatisme, elle est conforme au dogme. Les troubles de la grammaire ne sont jamais que l'expression de la structuration active du comportement ou de la restructuration active du comportement du malade en face de son déficit.

L'agrammatisme, en tant que trouble primaire ou trouble déficitaire au sens de Jackson, n'a pas droit de cité dans cette conception.

Pour simplifier les choses, Salomon, en 1914, devait forger la notion « d'agrammatisme impressif ». Il se fonde sur l'observation fouillée d'un aphasique grave, qui présente à la fois d'importants troubles arthriques, des paraphasies littérales et verbales. Il constate que non seulement le discours de ce malade n'obéit pas aux lois de la grammaire, mais qu'il n'est pas capable d'identifier les phrases grammaticalement fausses qu'on lui soumet. Il est curieux qu'à la suite de cette seule observation, la notion d' « agrammatisme impressif », ou encore de « sensorisch-agrammatischen Störungen » ait trouvé tant de crédit. C'est pour nous un symptôme aussi peu spécifique que banal dans toutes les aphasies graves.

Foerster, en 1919, tente d'accréditer la notion que l'agrammatisme peut exister en dehors de toute aphasie. Mais à la lecture de l'observation en cause : celle d'un blessé de guerre avec plaie frontale gauche ouverte et hernie cérébrale, il ne fait pas de doute qu'il s'agit d'un mutisme. En effet, comme le titre même de l'article l'indique, cet agrammatisme supposé s'accompagne d'un défaut d'initiative avec conservation des attitudes. Le malade, d'abord apathique et muet, passe par des phases de désinhibition où il fait des jeux de mots par assonance. Il écrit; ses lettres montrent des persévérations nombreuses au niveau des mots, des tournures grammaticales et des idées. Son langage oral est rare et elliptique, mais quand le patient parle, dit Foerster, il le fait correctement. Il s'agit donc, sans hésitation possible, d'un mutisme en régression, ou encore d'une aphasie dynamique, selon Luria, dans le cadre d'un syndrome frontal, le tout donnant un tableau assez voisin de ce que l'on observe dans la démence présénile de Pick.

En 1922, à la suite de 3 observations personnelles, Isserlin tente de faire le point dans un important mémoire, qu'il complétera en 1936 dans son article sur l'aphasie du Traité de Bunke et Foerster. « Clinicien psychologisant » imprégné des notions de la « Denkpsychologie », les mots « Bewusstseinsanlage » et « Einstellung » viennent tout naturellement sous sa plume, mais, esprit clair, il cherche à sérier les problèmes. Il se pose les questions suivantes :

1. Existe-t-il sans conteste, cliniquement et psychologiquement des formes distinctes d'agrammatisme?

2. Existe-t-il des troubles autonomes de la compréhension des formes grammaticales et, si oui, comportent-ils des formes distinctes?

3. Y a-t-il des rapports entre les différentes formes d'agrammatisme et les formes classiques de l'aphasie?

4. Comment peut-on concevoir les mécanismes qui sont à la base de l'agrammatisme?

5. Quelles sont les localisations des lésions responsables de l'agrammatisme?

Voici, brièvement résumées, ses réponses.

1. Il est certain qu'il y a des formes différentes d'agrammatisme. Les distinctions classiques entre l'agrammatisme de l'aphasie motrice et de l'aphasie sensorielle, soit l'agrammatisme moteur et le paragrammatisme de KLEIST sont tout à fait justifiées. Mais on peut décrire encore d'autres formes d'agrammatisme, le pseudo-agrammatisme de Pick, par déficit intellectuel, l'agrammatisme du langage enfantin, l'agrammatisme des sourds-muets.

2. L'agrammatisme impressif de Salomon doit être isolé. Mais, dans la règle, il ne s'observe pas dans l'agrammatisme moteur, ou alors que sous une forme très discrète; il est habituel dans le paragrammatisme où il peut prendre des formes ou des degrés de gravité différents. Un de ses malades n'est pas capable d'identifier les expressions grammaticalement fausses mais comprend bien les phrases grammaticalement justes. Le dernier, par contre, accepte n'importe quelle construction juste ou fausse et ne comprend pas les constructions grammaticales correctes, même les plus simples.

3. Il y a des relations étroites entre les différentes formes d'agrammatisme et les types classiques d'aphasie. L'agrammatisme moteur, qu'ISSERLIN préfère qualifier d'agrammatisme expressif s'observe au cours de la régression de l'aphasie motrice. Le paragrammatisme est lié à l'aphasie sensorielle; dans la règle, il s'accompagne d'agrammatisme impressif.

4. Les différentes formes d'agrammatisme correspondent à des mécanismes différents. Le pseudo-agrammatisme de Pick ressortit bien à un trouble de l'élaboration de la pensée antérieure au langage. Mais ISSERLIN ne peut pas suivre GOLDSTEIN qui estime que serait caractéristique de ce type d'agrammatisme une perturbation de l'ordre des mots, alors que les formes grammaticales, flexion, déclinaison en particulier, seraient conservées. Ces vues sont trop schématiques. Pour ISSERLIN, le meilleur signe, mais pas toujours fidèle, des agrammatismes secondaires à des troubles de la pensée serait l'impossibilité, pour les sujets qui en sont atteints, de lier sujet et prédicat. Mais il vaut mieux se fonder sur le contexte clinique, en particulier sur le comportement du malade. Quand il révèle un contenu de pensée normal ou même supérieur à la normale, il convient de chercher

la cause de l'agrammatisme ailleurs que dans un trouble primitif de la pensée.

L'agrammatisme expressif prend, dans la grande majorité des cas, la forme du style télégraphique. Isserlin accepte la description qu'en a donnée Kleist, tout en insistant moins sur les erreurs d'ordre syntaxique proprement dites. A son degré le plus grave, pour lui, le style télégraphique est constitué comme pour Pick par une simple suite de noms de choses et d'événements non fléchis. A propos de l'absence de flexion, il relève cependant, que si les verbes à l'infinitif sont fréquents, les formes conjuguées existent aussi. Il ajoute à la description de Kleist deux traits intéressants: « dans le style télégraphique, seuls les mots accentués fortement sont conservés » et le langage écrit de ces malades serait souvent beaucoup plus correct que leur langage oral. Enfin, remarque beaucoup plus contestable : en tant que style télégraphique, le langage du malade peut être correct, il est difficile de voir là une langue défectueuse. Cette dernière assertion débouche sur une explication pathogénique. Ce style est celui du langage basique gestuel du sourd-muet, du primitif et aussi des normaux quand ils doivent utiliser une langue étrangère ou exprimer quelque chose d'important dans un minimum de mots. Mais chez l'aphasique, le style télégraphique n'est pas seulement l'expression d'une économie concertée de langage, c'est l'expression adaptée à une détresse linguistique, le recours spontané à un niveau d'élaboration du langage inférieur, inférieur souvent même aux possibilités réelles du malade. C'est d'ailleurs ce qui permettrait de comprendre que le langage écrit soit souvent supérieur au langage parlé.

Le paragrammatisme de l'aphasie sensorielle correspond bien à la description qu'en a faite Kleist. Pour Isserlin, toutefois, les perturbations de l'ordre des mots y sont beaucoup plus fréquentes que dans l'agrammatisme moteur. Mais, comme Kleist, il estime qu'elles ne résultent pas d'une perte du schéma linguistique de la phrase. Les formules grammaticales ne lui manquent pas, mais elles se contaminent les unes les autres. Ainsi, les liaisons subordonnées à l'intérieur de la phrase ne correspondent pas à l'intention du malade et l'énoncé perd tout rendement.

5. Pour ce qui est des localisations des lésions responsables de l'agrammatisme expressif et du paragrammatisme, elles se confondent avec celles qui produisent respectivement l'aphasie motrice et l'aphasie sensorielle.

Tels sont les traits essentiels de la conception classique de l'agrammatisme de l'école allemande. On voit qu'elle oscille sans cesse entre la notion de l'agrammatisme trouble du langage *per se* et l'impression dominante, sauf dans l'œuvre de Kleist, que l'agrammatisme correspond à une attitude mentale du locuteur, tout au plus conditionnée par les troubles aphasiques. On retrouvera d'ailleurs ces oscillations dans les travaux plus récents qui mettent à contribution la linguistique moderne et qui, comme tels, seront résumés et discutés dans le chapitre suivant. C'est particulièrement évident dans la suite des articles de GOODGLASS et collaborateurs qui s'intitulent d'abord « agrammatisme et aphasie » pour aboutir à « troubles de la grammaire dans l'aphasie ».

Au contraire, si l'école française s'est moins préoccupée de ces problèmes, elle a toujours lié l'agrammatisme à l'aphasie de Broca grave avec suppression initiale du langage et l'a toujours distingué nettement des troubles de la grammaire que l'on peut observer dans toutes les autres formes d'aphasie. L'un de nous, avec ALAJOUANINE, y a insisté spécialement. Nous ne saurions mieux faire que de citer ici la mise au point lumineuse et synthétique d'ALAJOUANINE. « Les aphasiques présentant une réduction du langage (suppression complète, suivie de stéréotypies verbales, puis d'un défaut d'incitation volontaire du langage) et qui récupèrent plus ou moins lentement et plus ou moins partiellement leur possibilité d'expression verbale rencontrent des difficultés qui se présentent, entre autres, dans l'organisation grammaticale. Discrètes ou passagères, elles ne sont pas rares, mais d'importance accessoire. Tel n'est pas le cas de certains patients, ceci plus particulièrement lors de la régression des stéréotypies verbales; dans ce cas, le désordre majeur se présente dans le maniement de la grammaire; c'est l'agrammatisme. Entièrement différent des dyssyntaxies, altérations variables et incidentes de l'organisation syntaxique qui sont, pourrait-on dire, des dyssyntaxies occasionnelles et que l'on observe dans l'aphasie temporale, l'agrammatisme vrai a des caractères de fixité, de régularité et de permanence dans le trouble de l'organisation grammaticale qui témoignent d'une désorganisation très particulière, se rencontrant toujours dans l'évolution régressive des formes sévères de réduction du langage qu'on observe dans les aphasies de Broca où elles se présentent comme un stade infranchissable de la pénible récupération du langage.

« L'agrammatisme est malaisé à définir autrement que par le fait essentiel que révèle aussitôt le parler du malade : la réduction de la phrase à son squelette; abondance relative des substantifs, emploi presque constant des verbes à l'infinitif, avec suppression des petits mots (les petits outils du langage) et absence de différenciation grammaticale de temps, de genre, de nombre, ainsi que de subordination; plus la langue est riche en différenciation de cet ordre, plus l'agrammatisme apparaîtra grossier et celui-ci s'accentuera au fur et à mesure de la récupération du vocabulaire (d'où l'impression de voir l'agrammatisme s'accroître au cours de la rééducation). Ce langage de l'agrammatisme est comparé, de façon toute extérieure, à l'abréviation utilisée pour les messages télégraphiques ou à l'usage élémentaire d'une langue mal connue; il est plus juste et plus suggestif de le rapprocher de ce stade du parler de l'enfant qui suit la phase du mot-phrase, comme l'a noté Isserlin.

« Ce trouble agrammatique se retrouve dans la lecture à haute voix, et dans l'écriture sous dictée. Il est remarquable qu'il porte avant tout sur le langage propositionnel et que le langage tout fait, les formules de politesse, les expressions de circonstance sont formulées de façon correcte et rapide; autrement dit, le langage automatique échappe à l'agrammatisme, mais il faut noter qu'il est assez rare.

« Le langage de l'agrammatisme frappe donc par le contraste qui existe entre le vocabulaire récupéré, souvent de façon importante, l'évocation adaptée des mots, la signification de la phrase et la pauvreté de l'organisation grammaticale. Malgré celle-ci, la phrase n'est pas désintégrée et aussi réduite qu'elle soit, elle suffit à exprimer la pensée du malade; utilisant des termes concrets et efficaces, l'agrammatique, a-t-on dit, « supprime le supposé connu au profit de l'exprimé »; à travers cette expression restreinte, dépouillée de ce qui fait la complexité d'une langue, le pouvoir d'information de ce langage reste important.

« Le terme d'agrammatisme, cependant, n'échappe pas à la critique; d'une part, la modification grammaticale, pour spectaculaire qu'elle soit, n'est pas l'élément essentiel de cette réduction de langage; d'autre part, elle laisse entendre qu'il existerait une « fonction de la grammatisation » dans l'organisation fonctionnelle cérébrale, ce qui n'est pas. Le langage de ces patients est un langage simplifié, un retour à des formes plus simples, et c'est à ce titre que les éléments conventionnels de la grammaire disparaissent. De ce fait, les malades agrammatiques restent agrammatiques d'ordinaire sans régression notable. »

C'est donc sur l'agrammatisme ainsi défini correspondant à l'agrammatisme moteur de Kleist et par opposition à tous les autres troubles de la grammaire que l'on peut rencontrer dans l'aphasie que nous avons voulu faire porter ce travail.

CHAPITRE II

Position du problème et études neurolinguistiques récentes de l'agrammatisme

A. POSITION DU PROBLÈME

Parmi les nombreux courants de pensées à travers lesquels, depuis une vingtaine d'années, l'étude de l'aphasie tente de se renouveler, la linguistique occupe une place de choix. Celle-ci qui, depuis Saussure, veut « se placer de prime abord sur le terrain de la langue et la prendre pour norme de toutes les autres manifestations du langage », devrait permettre la création d'une sémiologie, au sens médical du terme, autonome des troubles du langage. Mais à la lecture des nombreux travaux que son application à l'aphasie a suscités, on a souvent l'impression que linguistes et cliniciens n'ont pas trouvé un langage commun. Leurs pensées se côtoient plus qu'elles ne s'interpénètrent. Et comme l'écrivait J. de AJURIAGUERRA : « il ne faudrait pas que nous trouvions des satisfactions dans de nouveaux modèles de description, plus adéquats il est vrai, mais qui ne nous éclaireraient pas sur la mécanique pathogénique interne des troubles ».

L'application aussi rigoureuse que possible du programme que R. BRAIN proposait en 1964 aux linguistes et aphasiologistes réunis, est peut-être susceptible de diminuer ce risque :

1. Les troubles du langage peuvent-ils être classés en fonction des éléments du langage normal décrits par la linguistique?

2. Si oui, les formes cliniques de l'aphasie correspondent-elles à des désordres linguistiques purs ou à des mélanges?

3. Quelle sera la signification de nos réponses à ces deux premières questions du point de vue de la physiopathologie de l'aphasie et de la localisation des fonctions du langage dans le cerveau?

Notre travail ne tend à rien de plus et à rien de moins qu'à l'application à un syndrome précis des deux premiers points de ce programme.

Pourquoi l'agrammatisme? Nous avons donc en vue l'agrammatisme moteur de Kleist, soit l'agrammatisme observé dans l'aphasie de Broca, dont nous avons rappelé les traits cliniques classiques dans le chapitre précédent. Avec ce syndrome, les cliniciens de l'équipe croyaient fournir aux linguistes un matériel d'observation :

a) qui évite à coup sûr le risque d'erreur de diagnostic,

b) qui constitue une entité clinique univoque,

c) qui, fondé d'emblée sur des critères linguistiques empiriques, soulèverait peu de problèmes de terminologie interdisciplinaire.

Enfin, notre groupe de recherche réunissant deux centres de langues françaises (Paris, Genève), un de langue allemande (Bonn) et un de langue italienne (Milan), nous pouvions escompter tirer un bénéfice de la comparaison de ce syndrome dans des langues à structure grammaticale proche, français, italien d'une part, et à structure grammaticale très différente, allemand d'autre part.

L'objet du présent travail se limite à l'étude des cas d'agrammatisme de langue française. Ce décalage temporel est contingent, mais tout compte fait, la mise en forme des hypothèses qu'autorise le dépouillement des observations de langue française permettra de les mettre à l'épreuve, lors du passage à l'italien et à l'allemand.

B. HYPOTHÈSES PHYSIOPATHOLOGIQUES

A la lecture des travaux consacrés à l'agrammatisme, comme de ceux qui traitent des troubles de la grammaire dans l'aphasie, il semble qu'on puisse faire l'inventaire suivant des hypothèses physiopathologiques synthétiques qui ont été émises. L'agrammatisme pourrait être dû à

— une perturbation de base non verbale, soit d'ordre intellectuel (Goldstein), soit d'ordre spatio-temporel. Cette dernière hypothèse a été plus particulièrement élaborée par Luria, à la suite de Head. Pour cet auteur, on serait en présence de l'atteinte d'une « fonction complexe de synthèse simultanée spatio-temporelle ». Mais un tel déficit rendrait compte d'autres perturbations phasiques que celles de l'agrammatisme.

— une augmentation du coût d'encodage qui entraînerait des conduites d'épargne; hypothèse partiellement retenue par de nombreux travaux récents et à la terminologie près, très voisine de la classique « détresse verbale ».

— une atteinte des fonctions de contiguïté ou de contraste au niveau de la première articulation, hypothèse heuristique de Jakobson.

— une perte de la possibilité de dominer les autocorrélations du langage, donc la redondance.

— une atteinte conjointe ou isolée de la syntaxe proprement dite et de la morphologie. GOODGLASS hésite ici entre deux postulats qui ne sont peut-être qu'apparemment contradictoires : les troubles de la morphologie ne seraient que l'expression secondaire de l'atteinte primaire de la syntaxe, ou « chez certains aphasiques, l'aspect syntaxique et l'aspect flexionnel de la grammaire peuvent être atteints indépendamment l'un de l'autre ».

— une perturbation de la prosodie. Pour GOODGLASS, « l'omission des mots fonctionnels est en tout premier lieu en corrélation avec l'agencement rythmique de l'émission verbale de l'aphasique ». L'émission ou l'omission d'un mot serait fonction de sa « saillance » résultant elle-même entre autres de son accent et de sa prééminence phonologique.

Le rappel de ces hypothèses classiques et récentes répond à une double préoccupation. Outre leur intérêt intrinsèque, elles sont inscrites partiellement en filigrane dans notre protocole d'examen des malades.

C. TRAITS DÉFINITOIRES DE L'AGRAMMATISME

Mais la sémiologie linguistique de l'agrammatisme est plus importante du point de vue méthodologique encore que ces hypothèses synthétiques. L'un de nous, linguiste, s'est astreint à l'orée de cette étude à cataloguer les traits définitoires de l'agrammatisme d'après les descriptions du syndrome qu'en ont faites, et les cliniciens, et les linguistes. Ce travail ayant paru d'autre part (La linguistique, 1967, 2 15-26), nous n'en reprenons ici qu'un résumé.

1. Pour caractériser l'agrammatisme, le trait définitoire le plus couramment employé encore aujourd'hui (que ce soit dans des textes destinés à la diffusion large ou dans des communications savantes), c'est l'absence des « mots-outils » dans le discours.

« Les mots dotés de fonctions grammaticales, tels que les conjonctions, prépositions, pronoms et articles, disparaissent en premier lieu » (JAKOBSON, Essais de linguistique générale, 1963, p. 57). Pour J. DUBOIS, l'agrammatisme « se caractérise par la suppression constante des morphèmes grammaticaux (prépositions, conjonctions, articles, pronoms, sujets, désinences verbales...) » (Français moderne 1-1965, p. 22). Pour HÉCAEN et ANGELERGUES, c'est « la réduction des mots grammaticaux » ... « la suppression des pronoms, des prépositions, des conjonctions... » (Pathologie du langage, 1965, pp. 66 et 68); pour Cohen et Hécaen, dans le cadre d'une description très nuancée « il reste vrai que dans l'ensemble certains mots fonctionnels manquent de façon caractéristique, les pronoms en particulier et certains adverbes de temps et de lieu » (Journal de psychologie, 3-1965, p. 282). Pour Lhermitte « l'expression verbale « de l'agrammatisme » frappe par l'absence de liaisons grammaticales, par l'absence de petits outils du langage »... « des mots de liaison ». (Revue du praticien, 11-6-1965, pp. 2265-2266).

Il n'est pas question — pour le linguiste — de mettre en cause la consistance clinique de ce trait. Mais il est certain que toutes ces formulations, aujourd'hui, sont impropres parce qu'insuffisantes. Les termes de liaisons grammaticales, mots de liaison, mots grammaticaux, mots fonctionnels, petits outils de langage, morphèmes grammaticaux, recouvrent des unités dont les fonctions syntaxiques sont trop différentes pour continuer à être confondues dans la description clinique de recherche : l'article est une modalité du nom, centripète dans son syntagme; la préposition, la conjonction, sont des monèmes fonctionnels, centrifuges dans leur syntagme; les pronoms sujets sont des morphèmes ayant un rôle très particulier d'actualisation du prédicat, etc...

D'autre part, ces formulations sont inexactes, parce que le manque de ces unités n'est pas constant et que leur « réduction » n'obéit pas à des règles actuellement formulables. Les auteurs le savent : Dubois note « qu'il reste cependant certains éléments morphologiques constitutifs de la phrase : ordre, intonation » (art. cit., p. 22) « qu'il subsiste dans l'énoncé de l'agrammatique des éléments morphématiques qui d'ailleurs peuvent réapparaître épisodiquement » (Ibid., p. 23). Cohen-Hécaen disent de leur côté : « On a voulu définir cet agrammatisme par l'absence de petits mots, c'est-à-dire en somme des indicateurs de fonction, des ligatures, des marques de modalité. Il s'agit d'une caractérisation impressionniste. Les petits mots ne sont pas absents du corpus agrammatique. Dans le discours spontané de L. les mots pleins n'entrent que pour 65 %. Les petits mots peuvent même abonder. Un texte du malade d'Isserlin comporte 47 % de petits mots, alors que le commentaire dont Isserlin l'accompagne en comporte 50 % » (art. cit., pp. 282-283).

Il convient de tirer la conclusion de cet ensemble de faits : pour aller plus loin, si l'on veut que la linguistique joue ici son rôle, il faut s'imposer de décrire les productions verbales des agrammatiques sur la base d'une analyse syntaxique exhaustive. Le fait que des formes grammaticales manquantes à tel endroit réapparaissent ailleurs, fût-ce de façon peu fréquente, est peut-être aussi important, pour une explication finale, que leur manque fréquent. De plus, il faut conduire cette description, la chose devient de plus en plus évidente à mesure qu'on dépouille les publications, sur la base d'une terminologie linguistique ferme, homogène et complète, ayant valeur descriptive univoque. Par exemple, dans les citations ci-dessus, des termes comme : morphématiques, « fonctionnels » — même entre guillemets — ou localisateurs ou ligatures, et marques de modalités, etc... ne permettent pas de serrer la description de l'agrammatisme autant qu'on peut actuellement.

2. Un deuxième trait sert à définir le langage des agrammatiques, c'est « l'utilisation préférentielle des substantifs » (LHERMITTE, p. 2265); ou « la réduction de la phrase aux lexèmes » (DUBOIS, p. 22). C'est une observation certainement significative. Mais aujourd'hui, sans doute, peut-on pousser plus loin la précision, faire des comptages comparatifs des lexèmes conservés (noms, adjectifs, verbes, adverbes).

3. Le troisième trait saillant d'une description linguistique clinique de l'agrammatisme est « l'emploi presque systématique des verbes à l'infinitif », (LHERMITTE, p. 2265), « l'impossibilité d'utiliser »... « le temps des verbes » (Id., p. 2266); « la suppression constante »... « des désinences verbales, les verbes se présentent »... « à l'infinitif » (DUBOIS, p. 22); « l'emploi des verbes à l'infinitif » (HÉCAEN-ANGELERGUES, p. 62).

Pour JAKOBSON, « un trait typique de l'agrammatique est l'abolition des flexions : « ainsi apparaissent des catégories non marquées, telles que l'infinitif aux lieu et place des diverses formes verbales conjuguées » (Ouvr. cit. p. 58).

Sans doute, les méthodes d'analyse linguistique récentes introduites dans l'examen des troubles du langage devraient permettre de nuancer ce trait définitoire. Les auteurs, là aussi, le savent d'ailleurs : DUBOIS dit que les verbes se présentent aussi « au participe » (art. cit. p. 22); COHEN-HÉCAEN le notent également (art. cit. p. 280); et les exemples cités de discours agrammatiques contiennent des participes présents (« avec papa manquant », LHERMITTE, p. 1266). Le malade d'ISSERLIN cité par COHEN-HÉCAEN (p. 274) emploie des participes passés en allemand, *gewesen, gemerkt, geschmissen, gefunden, genommen*.

D'autres formes verbales — des présents, des impératifs — ne sont pas toujours absentes, et cela aussi mérite linguistiquement réflexion, même si c'est statistiquement rare (Cf. *tricote, c'est, allume*, dans LHERMITTE, p. 2265-2266; *attends*, dans COHEN-HÉCAEN, p. 280).

Ce qui ne figure jamais dans les caractérisations des cliniciens, c'est l'absence apparemment fréquente du prédicat dans les énoncés, (Cf. LHERMITTE, p. 2265 : « Trois enfants »...; la petite à l'école, dix ans et demi; Nicole, sa mère, « trop de cœur »...; un rien, moi très bien, etc... »).

Il est vrai que le caractère peut être impliqué dans la notation du « style télégraphique ».

4. Le « manque des accords » dans le discours agrammatique apparaît comme un trait définitoire parallèle au précédent, relevé par tous les auteurs. Jakobson souligne « l'abolition de la flexion..., dans les langues à déclinaison, le nominatif à la place de tous les cas obliques »... « l'élimination de l'accord » (ouvr. cit. p. 58). Lhermitte note « l'impossibilité »... « des accords » (art. cit. p. 2266) et c'est peut-être ce que Cohen-Hécaen ont en vue quand ils mentionnent « la succession des formes sans ligatures morphologiques » (art. cit. p. 278). Il reste cependant bien des choses à vérifier. Le malade d'Isserlin, par exemple, manifeste une conservation remarquable, en allemand, des marques morphologiques (déclinaisons de l'article et du nom), au moins dans le fragment cité par Cohen-Hécaen.

5. Un cinquième trait définitoire de l'agrammatisme offre un caractère plus général et plus lâche : il est présenté par tous les auteurs comme « le style télégraphique » des agrammatiques (Jakobson, 57 — Dubois, 22 — Lhermitte, 2266 — Hécaen et Angelergues, 66-67). La formulation lâche provient du fait que les quatre traits définitoires examinés jusqu'ici — manque des outils grammaticaux, dominance des substantifs, verbes à l'infinitif, manque des accords — peuvent déjà passer pour des éléments de tout « style télégraphique ». De plus, à la réflexion, peut-être aussi devra-t-on, sans se contenter d'une première impression clinique exacte en tant qu'impression, comparer rigoureusement les caractères agrammatiques avec ceux d'un corpus de vrais télégrammes. Ou de vrais discours enfantins, avec lesquels on a souvent fait le même rapprochement (Lhermitte, p. 2266; Jakobson, p. 58). Ou encore, pour la même raison, avec du vrai « petit nègre », c'est-à-dire des textes de sabirs ou pidgins. De telles comparaisons fourniraient sans doute une réponse précise pour ou contre, au-delà de la métaphore intuitive, que Cohen et Hécaen repoussent, mais qu'ils ne dépassent pas autrement que par une critique intuitive aussi.

Mais on peut penser que le cœur du problème, à propos du « style télégraphique » est ailleurs et que c'est centralement celui que pose la question suivante : « comment délimiter les unités d'énoncés, c'est-à-dire les phrases — de l'agrammatique? ». Tant qu'il s'agit d'inventorier les classes grammaticales (noms, adjectifs, verbes, etc...) ou morphologiques (féminins, pluriels, flexions temporelles, etc...) qui sont conservées chez l'agrammatique, il ne se pose pas de problème à cet égard : on peut faire cet inventaire sans se préoccuper des limites de l'énoncé.

Mais s'il s'agit d'analyser les manques, surtout les syntaxiques (et le langage des agrammatiques est presque totalement défini jusqu'ici par des manques), on se réfère toujours implicitement à une comparaison avec l'énoncé normal, vraisemblablement le plus proche, reconstruit hypothétiquement. Dans un exemple comme celui-ci : « Boulanger mère au four du pain », affirmer qu'il manque une modalité nominale centripète devant boulanger (le, un, mon, etc...) et une modalité verbale centripète (le temps du verbe *mettre*, où le groupe consonantique « tr » a subi une atteinte classique), tout cela n'a rien d'illégitime. Mais dans l'exemple suivant : « Enfant, ma petite Yvette, école, travailler, sage », on aperçoit le problème dans toute son ampleur : il faut décider combien d'énoncés ou de phrases — contient la chaîne parlée : un, deux, trois, quatre ou cinq? Et où faire passer les segmentations? La reconstitution des énoncés normaux les plus proches paraît impossible avec certitude.

Une solution tentante à ces difficultés, quand il s'agit de l'agrammatisme, est la théorie de l'énoncé monorhématique ou énoncé constitué d'un seul mot. Cette solution dérive de formulations de Jakobson : « L'aphasie dans laquelle la fonction du contexte est affectée tend à ramener le discours à d'infantiles énoncés d'une phrase, voire à des phrases d'un mot »... « Dans les cas avancés de ce trouble, chaque énoncé est réduit à une seule phrase d'un seul mot ». (Ouvr. cit. p. 58). GAGNEPAIN durcit ces notations restées descriptives, quand il définit l'agrammatisme « comme exagération de la tendance à l'énoncé minimum (un mot et le point final) » (Revue du praticien, p. 2340). L'idée est reprise par COHEN et HÉCAEN : « Le fait général est l'énoncé « monorhématique », où le terme se suffit à lui-même, fournissant la totalité de l'information saisissable » (art. cit., p. 279). Cette thèse ne peut fournir un instrument d'analyse qui résolve le problème de la segmentation de la chaîne en unités d'énoncé : en effet, chez GAGNEPAIN, il s'agit d'une « tendance » et chez COHEN-HÉCAEN, d'un « fait général », c'est-à-dire qu'il y aura des exceptions : « des syntagmes », « des constructions dirhématiques », des groupes de mots très réduits » disent-ils (p. 279). Mais les exemples qu'ils citent, pp. 274, 279, 280, ne persuadent pas (loin de là), qu'on soit en face d'énoncés « monorhématiques » juxtaposés (par exemple : En mars — à Mantes — de redresser — la main — un pied — etc... p. 279).

6. Les stéréotypes sont toujours considérés comme un sixième trait définitoire de l'agrammatisme : ils sont généralement conservés sans mutilation syntaxique, dans une chaîne toujours très mutilée. « Seules quelques phrases plus longues, mais alors stéréotypées, « toutes faites », parviennent à survivre » dit JAKOBSON (ouvr. cit., p. 58). « Les formules

automatiques sont généralement correctes » écrit LHERMITTE (art.c it., p. 2266). COHEN-HÉCAEN parlent, plus largement, « des formes pratiquement vides, formes interjectives des verbes ou conjugaisons vagues », « des éléments à contenu syntaxique vague » (art. cit., p. 278, 279, 280), de stéréotypes de remplissage sans valeur particulière (enfin, mais, alors, etc...) (Ibid., p. 281).

Comme on le voit par les termes employés et par les exemples donnés, le concept de stéréotype reste défini très lâchement, même si on tient compte de la fréquence, qui est généralement le premier indice à alerter l'observateur. Il doit recouvrir des faits linguistiques de nature et de fonction peut-être assez différentes.

Le problème est d'autant plus délicat, qu'on peut craindre que la définition intuitive des « stéréotypes » soit quelquefois déterminée, dans un corpus agrammatique, par le fait qu'ils soient des groupes de mots totalement conservés syntaxiquement : c'est peut-être un indice efficace et il faut le tester ; c'est peut-être aussi un cercle vicieux. *C'est ça, voyons voir, c'est juste, c'est pour ça, au revoir, tout ça*, etc. donneraient le sentiment d'être des « stéréotypes », parce que toutes les fonctions syntaxiques à l'intérieur du groupe sont conservées.

Mais ce trait dépasse largement la sémiologie de l'agrammatisme. On sait assez que la conservation des « formules toutes faites » se retrouve dans toutes les formes d'aphasie. Son explication relève probablement davantage des lois de la désintégration des fonctions nerveuses, illustrées par le principe de JACKSON, que de l'analyse linguistique.

7. Un trait définitoire important, sur lequel les avis sont peu convergents, réside dans la conservation ou non de l'ordre des mots. Alors que pour JAKOBSON « l'ordre des mots devient chaotique », DUBOIS, HÉCAEN et ANGELERGUES notent, qu'en français, l'ordre des mots est conservé.

8. Dernier trait qui ne fait pas, et de loin, l'unanimité : la prosodie de l'agrammatique. Pour les uns, GOODGLASS en particulier, son altération représente un facteur causal important des troubles de la grammaire ; pour la majorité des auteurs, elle frapperait plutôt par sa conservation et même souvent par son rôle substitutif.

Au total on peut retenir comme admis pratiquement par tous les auteurs les traits définitoires suivants :

— l'absence des « mots outils » qui va de pair avec

— la prédominance des lexèmes dans les énoncés,

— l'emploi préférentiel des verbes à l'infinitif qui va de pair avec
— le manque des accords ou absence des marques morphologiques,
— le style télégraphique qui résulterait des quatre traits précédents.

Comme sujets à controverse :
— la conservation ou non de l'ordre des mots,
— la réduction des énoncés à un seul élément ou énoncé monorhématique,
— la fréquence des perturbations de la prosodie.

Et comme non distinctif :
— la conservation des « formules toutes faites » ou stéréotypes.

CHAPITRE III

Méthodes

A. FORMULAIRE D'EXAMEN

Le linguiste tient généralement à travailler sur un corpus de langage spontané aussi large que possible. Le clinicien sait combien son malade a de difficulté à satisfaire à cette exigence et comme il est utile de forcer, tout en la cadrant, la production verbale des sujets. Notre protocole d'examen (cf. annexe) essaie de tenir compte de ces deux points de vue. Dans une première partie enregistrée sur bande magnétique, on cherche à obtenir du patient

    1. un corpus de langage spontané formé

— du récit de sa maladie,

— de la description de sa profession,

— du récit du « petit chaperon rouge »,

— d'un récit dont la trame est donnée par une histoire sans parole (« le ballon rouge »);

    2. la lecture à haute voix d'un texte (« un incendie à Paris » Terman Merill).

La seconde partie comporte toute une série d'items qui, d'une part, sollicitent et canalisent l'effort du malade, d'autre part, visent a priori à mettre en évidence telles ou telles caractéristiques du langage de l'agrammatique. Bien que beaucoup d'items n'aient pas répondu à notre attente ou nous aient réservé des surprises, cette façon de faire s'est cependant révélée utile; à tout le moins parce que la délimitation des énoncés du langage spontané s'est avérée si difficile, qu'elle en a compromis l'analyse exhaustive.

Pour la construction de ces items, on a essayé de tenir compte des données sémiologiques et des hypothèses physiopathogéniques rappelées dans les chapitres précédents, ainsi que des acquisitions récentes de la linguistique.

Comme elles ne sont pas toujours évidentes, il n'est peut-être pas inutile d'expliciter nos intentions. Bien que les linguistes soient loin d'être unanimes à propos de ces définitions, on peut distinguer la syntaxe proprement dite de la morphologie. La syntaxe, à proprement parler, étudie les procédés qui permettent de transformer un ordre structural propre à la pensée en un ordre linéaire propre au langage. La morphologie est l'étude des marques de corrélation au plan de la première articulation qui facilitent cette transformation. Dans une langue comme le français, elles fonctionnent comme des déterminants et ne sont souvent que des auto-corrélations redondantes. Au contraire, dans les langues flexionnelles, comme l'allemand par exemple, les marques ont un rôle syntaxique plus important, puisqu'elles sont indicatives de fonction.

A) Un certain nombre d'items du protocole sont consacrés à l'étude de la morphologie. Ainsi, les items 6 a b c interrogent la production, la correction et le choix de marques morphologiques. Les items 5 a b c d, dans la mesure où ils donnent lieu à des énoncés, permettent d'apprécier la production des marques morphologiques. Dans l'item 7 c, il s'agit de produire des marques morphologiques sur des néologismes. Cette dernière épreuve est empruntée à GOODGLASS et BERKO.

Dans ces items, il s'agit de maîtriser des oppositions proportionnelles, donc motivées au sens de SAUSSURE. Elles sont grammaticales. Mais il existe dans la langue des oppositions proportionnelles qui n'ont ni le caractère de déterminants grammaticaux (genre, nombre, etc.), ni celui d'indicateur de fonction (cas) et qui ont une valeur plutôt lexicale (du type : boulanger — boulangerie). Il fallait les comparer aux précédentes et aux oppositions lexicales non motivées. A cette fin ont été retenus des items qui demandent

3a) la production de contraires « morphologiques » en opposition motivée (connu-inconnu) et de contraires en opposition lexicale isolée (vrai-faux);

b) la production de dérivés par affixation (boulanger-boulangerie) ou au contraire de monèmes en opposition lexicale isolée (pilote-avion).

On sait que ce type d'épreuve a déjà utilisé, en particulier par HÉCAEN et son école, ainsi que par les auteurs classiques allemands.

B) D'autres items sont plus directement inspirés par la syntaxe fonctionnelle de Martinet. Pour cet auteur, la fonction des monèmes, ou des syntagmes, dans l'énoncé est déterminée de trois façons :

— la place du monème, ou du syntagme, dans la chaîne du discours (ordre des mots : Pierre bat Paul),
— un monème fonctionnel ou une marque dans les langues à flexion, qui indique la fonction du monème, ou du syntagme, auquel il se rattache (préposition, conjonction de subordination, etc.),
— par un monème autonome qui, en plus de sa valeur lexicale, indique aussi sa fonction (demain, hier).

La capacité de maîtriser l'ordre des mots est testée par les items 8 a_1, choix multiple d'amalgames lexicalisés (abat-jour/jour abat); 8 a_2, choix multiple de phrases dans lesquelles les fonctions d'actualisateur et de régi du prédicat ne sont données que par l'ordre des mots (la souris mange le chat/le chat mange la souris); 8 a_3, choix et correction de l'ordre du pronom et de la négation dans les énoncés du type : tu le me cachais/tu me le cachais; 8 a_4, choix multiple d'énoncés qui diffèrent par la place de monèmes ou de syntagmes autonomes (vite je lui réponds/je lui vite réponds).

La production des morphèmes, monèmes fonctionnels, modalités, et des monèmes autonomes, est appréciée dans l'item 5 d, où il s'agit de construire des phrases dont les lexèmes et la structure syntaxique sont donnés, cette dernière par un modèle. Par comparaison, le même item contient des énoncés à trous, où font défaut tantôt des lexèmes, tantôt diverses variétés de morphèmes. Les items 8 b et 8 c proposent également des énoncés à trous, qui doivent être comblés, pour 8 b par des morphèmes, fonctionnels ou modalités, pour 8 c par des monèmes ou des syntagmes autonomes.

L'item 7 b suit un modèle emprunté à Goodglass et Berko. Il comporte des néologismes dont il faut identifier la fonction, selon leur place dans l'énoncé et leur contexte. (Voici un chien qui veut blacher un lièvre). L'item 7 a, contestable, est inspiré par l'hypothèse controuvée de Berko, qui voulait que l'adulte associe les mots en tenant compte de leur classe fonctionnelle, contrairement à l'enfant qui associerait volontiers par contiguïté.

Pour ces trois aspects de la syntaxe, ordre des mots, production de monèmes fonctionnels et de monèmes autonomes, les items 5 a b c, dans la mesure où ils donnent lieu à production d'énoncés, sont évidemment aussi valables.

C) Les items 5 ont été conçus, entre autres, pour vérifier ou infirmer l'hypothèse classique du coût d'encodage ou de la détresse verbale. Dans 5 a b c, le sujet doit successivement dénommer des objets, des images d'action et des actions mimées. Puis avec ces lexèmes (substantifs et verbes) qui lui sont donnés, s'il ne les a pas trouvés, il doit construire des phrases. L'item 5 d exige la construction de phrases d'après modèles, dont les lexèmes sont donnés.

D) L'item 4 visait, un peu naïvement, à mettre en évidence, si, pour l'agrammatique, la dénomination des termes d'un paradigme, comme le paradigme *demeure* (maison, château, nid, etc.), serait plus facile que celle des éléments d'une collection, comme celle du *couvert* (assiette, verre, cuiller, etc.).

Il va sans dire que, si tels ont été les a priori qui ont présidé à l'élaboration des items de ce formulaire, certains d'entre eux se sont révélés inadéquats et que ces items sont susceptibles de se prêter à d'autres analyses que celles prévues.

A l'usage, nous avons rapidement pris conscience, bien que nous en ayons eu le souci, que nous ne nous étions pas suffisamment affranchis de l'influence des modèles fournis par la langue scolaire. Mais ce défaut peut être en partie corrigé par les modalités de l'analyse linguistique.

Au départ, il n'était pas prévu que ces protocoles d'examen seraient administrés par les mêmes personnes. On a donc donné pour chaque item des consignes relativement précises. Les moyens de facilitation sont admis, à quelques exceptions près, où la facilitation revenait à donner la réponse, par exemple, l'ébauche orale dans la dénomination ou la recherche des contraires. On nous objectera que le degré de facilitation peut avoir été très variable selon le malade et selon l'examinateur. Cet inconvénient est tempéré par la consigne générale d'obtenir du malade les meilleures performances possibles. L'expérience du clinicien est ici formelle, la variabilité des résultats est telle en pathologie, qu'obtenir les meilleurs résultats dont le patient est capable, garantit une plus grande fidélité que les consignes strictes. Cette méthode, refusant les conduites d'abstention, a l'avantage d'augmenter la production des sujets. Et là encore, les échecs par fautes peuvent être plus significatifs que les échecs par simple défaut de réponse.

Une telle application demandée au malade, ajoutée à la longueur du protocole qui exige environ 400 réponses, nécessite une administration fractionnée en de multiples séances de moins d'une heure chacune, jusqu'à 8 ou 10 chez les agrammatiques.

De fait, les 9/10^{iemes} des malades francophones ont été examinés à la Salpêtrière par les mêmes examinateurs. Du coup, les craintes que pouvait faire naître la liberté laissée à ces derniers en sont diminuées d'autant.

Le grand reproche, que ne manqueront pas de nous faire les linguistes, est que ce protocole d'examen ne suscite pas, sauf dans sa première partie, un langage de communication, mais en quelque sorte une réflexion en acte du malade sur le langage, donc du métalangage. Nous avons déjà dit pourquoi nous avons fait délibérément ce choix et nous verrons combien il s'est révélé judicieux.

B. POPULATION

Grâce au recrutement du Centre du langage de la Salpêtrière, nous avons pu examiner 19 agrammatiques, 17 à Paris, 2 à Genève [1]. Pour qui sait que, parmi les aphasiques de langue française, on compte environ 2 % (Dordain) d'agrammatiques, cette population ne paraîtra pas négligeable. Quel critère diagnostique adopter? Tout tri fondé sur une épreuve spéciale, nous aurait enfermés dans un cercle vicieux. Il a paru préférable de nous arrêter au seul diagnostic du clinicien, chaque malade ayant été soigneusement réexaminé. L'écoute des enregistrements de langage spontané ne laisse pas de doute d'ailleurs sur l'authenticité des diagnostics.

Quelle population de référence fallait-il choisir? A s'adresser à des sujets normaux, on risquait d'attribuer à l'agrammatisme des déficits propres à l'aphasie. C'est ce qui nous a conduits à retenir un groupe témoin formé de malades atteints d'aphasie de Wernicke.

Dans les deux groupes, agrammatiques et aphasiques de Wernicke, n'ont été retenus que les malades ayant une compréhension suffisante permettant l'exécution des consignes et une possibilité de production verbale autorisant une transcription non équivoque des réponses. Dans la mesure du possible, chaque agrammatique a été apparié à une aphasie de Wernicke « à manque du mot égal ». Ce tri intuitif s'est révélé assez adéquat, puisque dans les items de dénomination, nos deux groupes de sujets totalisent des scores sensiblement égaux avec un sigma également comparable.

Mais le caractère scolaire et quasi normatif de nombreux items laissait planer un doute sur l'accessibilité du formulaire à une population normale. Ne mettait-il pas en jeu une pratique culturelle de la langue, que de nombreux patients n'ont jamais eue? Pour écarter cette éventualité,

---

[1] Nous tenons à remercier nos collaboratrices dans ces deux centres Mmes Bl. DUCARNE et A. TISSOT qui ont présidé à la réunion des dossiers et à l'administration des épreuves. Sans elles ce travail n'aurait pas été possible.

cinq témoins jeunes, indemnes de lésion cérébrale, de niveau culturel primaire, ont été examinés. Tant la rapidité avec laquelle ils effectuent toutes les épreuves du protocole, que leurs résultats, ne laissent subsister aucun doute. Leur score le plus mauvais, 80 % de réussites, est observé dans l'item comportant l'adjonction de marques morphologiques à des néologismes, où les agrammatiques n'enregistrent que 59 % de réussites. Aux autres items les résultats des témoins s'échelonnent entre 80 % et 100 % de réussites.

C. SYNTAXE DE RÉFÉRENCE

L'interprétation, la classification des faits observés doivent être précédées d'une description linguistique aussi précise et rigoureuse que possible, échappant à l'impressionnisme intuitif. Pour ce faire, cette description sera conduite à partir des concepts et des techniques d'une syntaxe générale, et d'une seule. Par contre, au stade de l'interprétation des faits décrits, on ne s'interdira pas des emprunts à d'autres modèles syntaxiques. Nous avons retenu au niveau de la description la syntaxe de MARTINET. Ce choix obéit à une double motivation : l'une, contingente; c'est la syntaxe qui nous est la plus familière; l'autre, que nous croyons objective, c'est à l'heure actuelle le modèle le moins conjectural.

Au risque de nous répéter et, tout particulièrement, parce que nous espérons être lus aussi par des non-linguistes, il nous paraît utile de résumer les grandes lignes de cette syntaxe générale [1].

Le répertoire des monèmes ou signes, au sens de SAUSSURE, d'une langue se divise en deux grandes classes :

— les monèmes qui appartiennent à un répertoire ouvert, ou lexique; ce sont les monèmes lexicaux ou lexèmes.
— les monèmes qui appartiennent à un répertoire fermé; ce sont les monèmes grammaticaux ou morphèmes.

Construire un énoncé constitué d'une chaîne linéaire de monèmes, c'est appliquer des procédés qui permettent de distinguer les fonctions, ou encore de marquer les rapports les uns avec les autres, des différents éléments du discours. Ces procédés, nous l'avons déjà dit, sont au nombre de 3 :

[1] Ce chapitre, plus particulièrement destiné aux cliniciens, a été intentionnellement rédigé par un des cliniciens de l'équipe, puis revu par le linguiste. Pour un exposé plus technique et plus rigoureux de la syntaxe de MARTINET, recourir à MARTINET A., Éléments de linguistique générale, Armand Colin, Éd. Paris, 1967, 1 vol., MARTINET A., Langue et fonction, Denoël, Éd. Paris, 1969, 1 vol. 197 pages, plus particulièrement p. 53-82, MOUNIN G., Les problèmes théoriques de la traduction, Gallimard, Éd. Paris, 1963, 1 vol.

— l'ordre ou la place des monèmes dans l'énoncé. Dans /Pierre bat Paul/, que /Pierre/ précède /bat/ indique qu'il est l'actualisateur de l'action ; que /Paul/ suive /bat/ indique qu'il est l'objet de l'action. Ce procédé, peu employé dans les langues à flexions (latin), est très usité dans d'autres, comme le français.

— l'autonomie des monèmes : le sens lexical de l'élément considéré implique son rapport avec le reste de l'énoncé (ex. demain, vite, etc).

— la fonction de l'élément considéré dans l'énoncé, ou encore son rapport avec le reste de l'énoncé, est indiqué par un élément marquant ce rapport (ex. *à, pour, bien que, lorsque*).

L'application par le locuteur de ces 3 procédés généraux permet de distinguer dans son discours des groupes de monèmes, ou syntagmes, ayant des fonctions précises, dont les rapports avec le reste de l'énoncé sont univoques. C'est l'analyse fonctionnelle de l'énoncé qui se superpose en partie à l'analyse logique des grammaires classiques. Ces éléments peuvent être groupés en 3 catégories générales :

— les syntagmes indépendants, ou syntagmes prédicatifs, qui constituent le noyau minimum, dont le retrait détruirait l'énoncé en tant que tel. Ainsi, dans /Hier au soir, petit Paul a mangé une brioche à la cuisine/, /hier/ /au soir/ /petit/ /une brioche/ et /à la cuisine/ peuvent être supprimés, non /Paul a mangé/. Mais à l'intérieur de ce syntagme indépendant, /Paul/ est un monème dépendant, ici actualisateur du prédicat, dont la fonction est indiquée par sa place dans l'énoncé. Dans un autre contexte, il pourrait avoir une autre fonction.

— les syntagmes dépendants, dont la fonction est indiquée soit par leur place dans l'énoncé (/Petit Paul/, dans l'exemple précédent, actualisateur du prédicat et /une brioche/ régi du verbe), soit par un morphème ou monème fonctionnel (ex./la cuisine/ dont la fonction est marquée par le fonctionnel /à/).

— les syntagmes autonomes, qui portent en eux-mêmes l'indicateur de leur propre fonction et qui, de ce fait, peuvent pratiquement occuper n'importe quelle place dans l'énoncé et sans s'adjoindre d'indicateur de fonction (ex. /Hier au soir/ dans l'énoncé précédent). A noter cependant que les syntagmes dépendants acquièrent l'autonomie, lorsque leur fonction est indiquée par un fonctionnel (ex. /la cuisine/, syntagme dépendant est devenu autonome par le fonctionnel /à/). /A la cuisine/, comme /Hier au soir/, peuvent, réserve faite des questions de style, occuper n'importe quelle place dans la suite linéaire : A la cuisine, hier au soir... Hier au soir, à la cuisine... Petit Paul, hier au soir, à la cuisine... Petit Paul a mangé à la cuisine, hier au soir, une brioche.

Cette analyse fonctionnelle permet de suivre l'expansion du syntagme prédicatif qui aboutit à un énoncé plus ou moins complexe. Constituent les expansions primaires tous les syntagmes qui se rattachent directement au noyau prédicatif. Ainsi dans l'exemple précédent, seuls /au soir/ qui marque son rapport avec /Hier/, /petit/ qui se rattache à /Paul/ sont des expansions non primaires. Mais l'énoncé pourrait être : /Hier au soir, après sept heures, petit Paul a mangé, à la cuisine du château, une brioche que sa grand'mère avait rapportée/ ou encore /la brioche de grand'mère/, /Après sept heures/ /du château/ /que sa grand'mère avait rapportée/ /de grand'mère/ sont également des expansions non primaires. Sont ainsi rangés dans la même catégorie fonctionnelle, un complément de temps, un complément de nom, un adjectif épithète, une proposition subordonnée. Bien qu'elle heurte la tradition, qui ne verrait que cette conception rend bien compte de l'identité de fonction de /grammaticales/, /de grammaire/, /qui heurtent la grammaire/, dans les variations des énoncés équivalents : /Le grammairien fait la chasse aux fautes grammaticales, de grammaire, ou qui heurtent la grammaire/ ? Cette analyse fonctionnelle multiplie l'intérêt de l'analyse de l'énoncé par partie du discours, qui se superpose en partie à l'analyse grammaticale classique. Bornons-nous à l'examen des morphèmes ou monèmes grammaticaux. Ils se groupent en deux grandes catégories :

— les monèmes fonctionnels, qui sont précisément des indicateurs de fonctions, tels, en français, *à*, *pour*, *avec*, *bien que*, *parce que*, etc., en particulier les prépositions et les conjonctions de subordination de la grammaire classique. Dans les langues à flexion, les marques morphologiques jouent le même rôle. Par rapport aux syntagmes, dont ils marquent la fonction, ils exercent une fonction centrifuge sur le reste de l'énoncé (ex. /à/ indique la fonction de /la cuisine/ par rapport au reste de l'énoncé).

— les modalités, ou mieux, les déterminants grammaticaux du monème ou du syntagme auxquels ils s'adjoignent. Ce sont en particulier les articles, les adjectifs possessifs, démonstratifs et les marques morphologiques de genre, de nombre, de personne, de temps, etc. de la grammaire traditionnelle. Ils n'exercent qu'une action centripète sur le syntagme auquel ils appartiennent : /la/ dans /à la cuisine/ détermine cuisine et n'a aucune action sur le reste de l'énoncé.

Mais les monèmes fonctionnels et modalités ne couvrent pas tout le champ des morphèmes. Ainsi, les pronoms substituts de lexèmes peuvent avoir des fonctions fort variables. Pronoms personnel, possessif, indéfini, etc. ont la fonction qu'aurait le lexème, qu'ils remplacent, tantôt actualisateur du prédicat, tantôt monème dépendant. Ainsi, suivant le contexte, /le linguiste classe l'article dans la catégorie des modalités/, peut devenir /il le classe dans celle-ci/, où /il/ est l'actualisateur du prédicat comme /le linguiste/, /le/ objet du verbe comme /l'article/ et /celle-ci/, syntagme dépendant dont la fonction est marquée par /dans/ comme /la catégorie des modalités/. D'autres, comme les pronoms relatifs ont une double fonction, celle du lexème, qu'ils remplacent, plus celle du monème fonctionnel indiquant le rapport de subordination des énoncés qu'ils introduisent (ex. /l'homme que je vois.../ où /que/ est à la fois l'objet du prédicatoïde /je vois/ et le monème fonctionnel qui marque la fonction de ce dernier dans l'énoncé.

De plus, les pronoms partagent avec d'autres morphèmes, comme l'adjectif possessif, par exemple, une caractéristique supplémentaire. Ils ont une fonction de substitut : ils se rapportent à un autre élément de la chaîne de l'énoncé, plus ou moins éloigné.

Deux fonctions peuvent être réunies dans un même monème grammatical par le procédé de l'amalgame. Dans /je vais au cinéma/, /au/ qui remplace /à/ et /le/ totalise les deux fonctions, respectivement celle du monème fonctionnel centrifuge /à/ et de la modalité centripète /le/.

Un cadre à part doit être réservé aux conjonctions de coordination qui, en général, marquent l'égalité de fonction des syntagmes qu'ils relient (ex. /il fait la pluie et le beau temps/)... Mais si cette définition convient à /et/ /ou/ elle n'est déjà plus satisfaisante pour /car/.

Pour MARTINET, les grands procédés, dont use la syntaxe, ont été longtemps masqués par la trop grande attention qu'on portait au phénomène de l'accord.

« Or, l'accord n'est pas autre chose que l'emploi de segments discontinus pour un seul et unique signifié », « l'accord est redondance... ». Comme en français, les marques morphologiques proprement dites n'ont jamais d'autre fonction que celle de déterminant, au même titre que les modalités, on peut presque toujours assimiler leur emploi à l'usage d'une redondance, destinée à faciliter l'intelligibilité du texte, mais non nécessaire syntaxiquement. Même les marques temporelles des verbes sont fréquemment redondantes. Pour reprendre l'exemple de MARTINET dans /Hier, il y avait manifestation/, /hier/ suffisait à marquer le passé, la marque passée du verbe est superflue. On peut donc se demander si, en français, les marques morphologiques ne doivent pas être classées dans les expansions secondaires de l'énoncé. Dans /Je vous enverrai une longue lettre/, /une longue lettre/ en tant que syntagme comme /je/ et /vous/ est une expansion primaire, mais si nous décomposons /longue/ est une expansion secondaire, au même titre que le serait /de trois pages/ dans /une lettre de trois pages/. N'en est-il pas de même de la marque /ai/ du futur qui joue le même rôle de déterminant?

Comme le relève MARTINET, « tout ceci peut sembler inutilement compliqué et contourné, mais cette complexité n'est imputable qu'aux faits eux-mêmes ».

On se retiendra peut-être difficilement de qualifier la syntaxe de MARTINET de trop taxonomique. De fait, en l'état actuel de l'avancement de la linguistique, c'est prudence de ne pas renoncer à la taxonomie, en essayant de fonder sur des critères fonctionnels les classes utilisées.

D. DÉPOUILLEMENT DES RÉSULTATS

Le corpus du langage spontané n'a pas permis le dépouillement exhaustif que l'on projetait. La principale difficulté, qui s'est révélée insurmontable, réside dans l'impossibilité de délimiter les énoncés. Pour n'être pas un chaos de mots, comme le disait JAKOBSON, le langage de l'agrammatique n'offre pas suffisamment de points de repère pour permettre de segmenter l'énoncé au-delà du syntagme. Les bandes d'enregistrement ont cependant donné lieu à une analyse intuitive, portant essentiellement sur la transmission ou non de l'information sémantique; l'utilisation des fonctionnels, comme *avant, alors, et pi, parce que*, en fonction essentiellement de leur valeur sémantique ou, au contraire, de vrais fonctionnels; la présence ou non de troubles de la prosodie, tout en sachant que ces derniers ont pu être majorés par la situation d'enregistrement.

A l'exception des items 5 a b c et 5 d (production de phrases), les items 3 à 8 ont fait l'objet d'un double dépouillement. D'une part, par l'un des cliniciens de l'équipe, d'autre part, par le linguiste et ses étudiants en séances de travaux pratiques. On trouvera en annexe la grille de dépouillement qui est aussi révélatrice du soin avec lequel ce travail a été exécuté par les linguistes, que des difficultés attendues ou inattendues rencontrées. Malgré ces dernières, les résultats des linguistes et du clinicien se sont montrés en bonne concordance. Chaque fois que les écarts étaient importants, il s'agissait d'erreurs systématiques du clinicien qui n'avait pas su se pénétrer suffisamment des consignes de la grille de dépouillement. On se reportera à cette dernière pour le détail de la méthode d'analyse des items 3 à 8 du protocole. Notons seulement que, pour tous les items où la réponse pouvait être cotée par juste ou faux, les résultats sont exprimés en % de réussite. L'analyse des phrases produites dans les items 5 a b c et 5 d a été effectuée par le linguiste. Elle a porté sur les parties du discours et les structures syntaxiques. Les données numériques sont exprimées en chiffres absolus.

Pour les résultats chiffrés, en dépit de leur distribution pas toujours normale, on a appliqué le test des différences de moyenne t de STUDENT et pour les corrélations, le coefficient de régression. On a pris la précaution de vérifier sur les distributions les plus éloignées de la normale, que les résultats ne sont pas sensiblement différents de ceux obtenus par la méthode des coefficients de rang ou d'une analyse non paramétrique par la distribution hypergéométrique. Il n'en reste pas moins que la signification de ces différences de moyenne et que les coefficients de corrélation obtenus dans ces conditions n'ont qu'une valeur indicative.

CHAPITRE IV

Résultats

A. ANALYSE QUANTITATIVE DES ITEMS 3, 4, 6, 7, 8 DU PROTOCOLE

Ces résultats sont résumés dans le tableau I. Quelques constatations s'en dégagent d'emblée. Certains des items sont difficiles pour tout aphasique, puisque les malades atteints d'aphasie de Wernicke ne les réussissent en moyenne qu'à 71 % (production de marques morphologiques sur des néologismes).

Mis à part les items de langage spontané et ceux de production de phrases, analysés d'autre part, ce protocole n'est pas très différentiel pour l'ensemble des agrammatiques, puisque sur 19 paramètres retenus, seuls 2 sont significativement (aux réserves près faites dans l'introduction sur la rigueur de l'application des méthodes statistiques) inférieurs chez les agrammatiques par rapport aux aphasies de Wernicke et 4 à la limite de la signification. Il est vrai que sur ces 19 paramètres, 7 ont été expressément choisis pour faire la preuve qu'ils étaient conservés. Si les agrammatiques réussissent moins bien, ou aussi bien que les aphasiques de Wernicke, mais pratiquement jamais mieux, l'ordre hiérarchique des difficultés est-il le même dans les deux groupes? Si tel était le cas, l'application du coefficient de rang de SPEARMAN devrait donner un résultat significatif. Il l'est effectivement, $P < 0,05$, mais la corrélation n'est pas très étroite, puisque R est égal à 0,59.

Les paramètres, qui témoignent pour les agrammatiques de résultats nettement moins bons (significatif ou à la limite), sont : la production de marques morphologiques sur des néologismes $P < 0,025$, la production de monèmes fonctionnels dans des phrases à trous $P < 0,02$, l'identification de néologismes $P < 0,1$, la production de modalités dans les phrases à trous $P < 0,2$, ainsi que celle de verbes $P < 0,2$ et la production de dérivations affixales par substitution $P < 0,2$. Au contraire, il est surprenant de constater que pour l'ensemble des agrammatiques la production de

TABLEAU I

Résultats comparés exprimés en % de réussites (moyenne) : Aphasie de Wernicke (17), Agrammatisme (19).

		Aphasie Wernicke	Agrammatisme	p
3 a	Contraires lexicaux (faux/juste)	86,8 ± 10,6	87,7 ± 11,5	> 0,8
	Contraires morphologiques (connu/inconnu)	79,2 ± 16,9	80,4 ± 22,1	> 0,8
3 b	Dérivés par substitution boulanger/boulangerie	88,0 ± 23,6	74,3 ± 31,3	< 0,2
	Dérivés par addition (maire/mairie)	88,2 ± 28,1	83,3 ± 24,3	< 0,6
	Dérivés par régression (postier/poste)	88,2 ± 22,8	79,2 ± 23,4	< 0,3
	Dérivés lexicaux (pilote/avion)	84,9 ± 19,2	87,8 ± 14,5	< 0,7
6 a b c	Marques morphologiques à trouver, à corriger, à choix	80,3 ± 14,9	76,8 ± 14,9	< 0,5
7 c	Marques morphologiques sur néologismes	71,5 ± 11,9	58,5 ± 18,4	< 0,025
7 b	Fonction de néologismes	76,8 ± 16,7	65,4 ± 22,3	< 0,1
4 a	Dénomination paradigme demeure	91,3 ± 15,8	94,7 ± 9,7	< 0,5
4 b	Dénomination collection couvert	99,0 ± 4,1	99,1 ± 3,9	> 0,9
5 a	Dénomination substantifs	97,7 ± 4,4	98,4 ± 3,8	< 0,7
	Dénomination verbes	90,0 ± 17,89	92,1 ± 15,1	< 0,8
5 d	Substantifs phrases à trous	83,0 ± 19,6	87,7 ± 24,4	< 0,8
	Verbes phrases à trous	91,5 ± 9,8	65,2 ± 30,2	< 0,2
5 d 8 b	Monèmes fonctionnels phrases à trous	90,2 ± 6,1	83,6 ± 8,6	< 0,02
	Modalités phrases à trous	77,0 ± 17,1	66,8 ± 21,0	< 0,2
	Monèmes autonomes phrases à trous	84,7 ± 14,2	84,2 ± 15,8	> 0,9
7 a	Association paradigmatique	26,8 ± 18,5	25,9 ± 29,2	> 0,95

contraires morphologiques par affixation plus ou moins proportionnelle (connu/inconnu) est aussi bonne que dans l'aphasie de Wernicke, que la production, la correction ou le choix de marques morphologiques, pour être à peine moins bons, ne sont pas différentiels, pas plus que la production de monèmes autonomes, qui est rigoureusement identique. Sont par contre conformes aux données classiques et intuitives, la conservation de la production par opposition lexicale isolée des contraires (vrais/faux) de la production des dérivés lexicaux (pilote/avion), de la dénomination, qu'elle porte sur des objets ou images d'objet, des actions mimées ou des images d'action, la production de substantifs dans des phrases à trous, alors que celle des verbes est différentielle.

Ces constatations suffisent à démontrer que l'économie dont témoigne le discours de l'agrammatique n'est pas liée à un défaut du mot d'ordre général. Chez ces malades, la disponibilité du lexique est au moins aussi bonne que dans l'aphasie de Wernicke. Ce fait est nettement corroboré par l'analyse du langage spontané des malades, comme par les items de production de phrases. Les agrammatiques utilisent davantage de substantifs que les aphasiques de Wernicke et sensiblement autant de verbes. C'était si évident après un premier sondage (proportion des substantifs, 150 contre 100, des verbes 110 contre 100), que nous ne nous sommes pas astreints à en faire un relevé complet.

Enfin, l'épreuve d'association libre, pour autant qu'on ose en tenir compte (rappelons la difficulté de déterminer si une association est métaphorique ou métonymique) donne des résultats identiques dans les deux groupes comme la dénomination à l'intérieur d'un paradigme ou, au contraire, d'une collection. Si l'on admet, ce qui n'est pas assuré, que ces épreuves remplissent la fonction pour laquelle elles avaient été prévues, ces résultats contrediraient déjà les assertions de JAKOBSON, qui voulait que l'agrammatisme soit le pôle extrême de l'atteinte « du procès métonymique » au niveau de la première articulation.

B. ANALYSE QUANTITATIVE ET QUALITATIVE DES ITEMS DE PRODUCTION DE PHRASES 5 a b c et d.

Dans les items 5 a b c, certains sujets construisent plusieurs phrases justes ou fausses à partir du lexème donné, ce qui explique que le total des moyennes des phrases justes ou fausses puisse dépasser 20. Au contraire, dans l'item 5 d, tous les lexèmes étant donnés, ainsi que le modèle syntaxique auquel il faut se conformer, les sujets ne produisent pas plus d'énoncés qu'attendu. Par contre, souvent il ne reproduisent pas exactement la structure syntaxique du modèle. Ceci explique que l'on obtienne, par exemple, plus de modalités qu'il n'en était attendu, bien que certaines manquent indiscutablement. Les résultats numériques sont consignés dans les tableaux II et III. Nous conduirons leur analyse simultanément sur le plan quantitatif et qualitatif.

Cherchant à vérifier si l'agrammatisme, tel qu'il est défini classiquement, est un trouble de la structure syntaxique de l'énoncé, on suivra l'ordre logique de cette structure, telle qu'elle est décrite par MARTINET :

— si la clé de voûte de la phrase est la fonction prédicative, qu'en est-il de cette fonction dans l'énoncé agrammatique? qu'en est-il des actualisateurs du prédicat, des expansions de l'énoncé?

— si la liaison fondamentale entre noyau prédicatif et fonctions primaires dans l'énoncé est marquée soit par l'ordre des monèmes, soit par l'autonomie syntaxique proprement dite, soit par des unités fonctionnelles, qu'en est-il en ce qui les concerne dans l'énoncé agrammatique?

— qu'en est-il des modalités qui opèrent la construction syntaxique à l'intérieur du syntagme, soit déterminants grammaticaux comme l'article, l'adjectif possessif, démonstratif, soit formes verbales ou accords?

1. Un premier trait propre à différencier les agrammatiques des aphasies de Wernicke est le *nombre de phrases correctes* obtenues dans les items 5 a b c (production à partir d'un lexème) et 5 d (production avec lexèmes, tous donnés, conforme à un modèle).

	5 a b c phrases correctes	incorrectes	5 d phrases correctes	incorrectes
Agrammatisme	12,7 ± 7,6 0,005	13,4 ± 9,7 0,001	8,6 ± 7,1 0,005	11,3 ± 6,7 0,001
Aphasie de Wernicke	18,7 ± 4,6	3,5 ± 7,4	15,5 ± 4,8	4,4 ± 3,2

Les moyennes ainsi déterminées, avec les écarts types, permettent de se rendre compte que, malgré les variations importantes d'un sujet à l'autre et plus grandes dans le groupe des agrammatiques que dans celui des aphasies de Wernicke, la productivité d'énoncés syntaxiquement corrects est très différentielle. Pour mieux apprécier sur le plan qualitatif ces énoncés, on peut s'en tenir à l'analyse de la somme des énoncés émis par les deux groupes.

TABLEAU II

Items 5 a b c. Production de phrases à partir d'un substantif ou d'un verbe donné.
Résultats comparatifs en chiffres absolus.
Aphasie de Wernicke 20. Agrammatisme 19.

	Items 5 a b c	Aphasie Wernicke 20	Agrammatisme 19	p
	Phrases correctes	18,7 ± 4,6	12,7 ± 7,6	< 0,005
	Phrases incorrectes	3,5 ± 7,4	13,4 ± 9,7	< 0,001
	Ordre perturbé	0,31 ± 1,0	1,0 ± 1,63	< 0,2
	Prédicats	22,3 ± ?	22,7 ± 7,3	
	Pronoms sujets corrects	11,2 ± 4,2	9,6 ± 5,5	< 0,4
	Pronoms sujets manquants	0	0,42 ± 1,1	< 0,1
	Pronoms non sujets	2,9 ± 2,1	0,42 ± 1,1	< 0,001
	Expansions	19,8 ± 11,2	18,5 ± 9,9	< 0,8
	Formes passives	1,3 ± 1,5	0,3 ± 0,6	< 0,02
	Verbes pronominaux	1,9 ± 1,6	0,7 ± 1,4	< 0,025
	Négations : mots phrases	0,7 ± 0,9	1,4 ± 1,8	< 0,2
	Négations : expansions	1,6 ± 1,6	1,1 ± 1,3	< 0,3
Formes verbales	Verbes conjugués corrects	23,7 ± 3,1	20,0 ± 8,4	< 0,1
	Verbes non conjugués	0,6 ± 1,2	5,8 ± 8,4	< 0,01
	Participes présents	0,3 ± 1,2	0,1 ± 0,5	< 0,5
	Participes passés	3,3 ± 2,6	2,1 ± 4,1	< 0,3
	Imparfaits	0,3 ± 0,8	0,3 ± 0,5	< 0,9
	Passés composés	2,1 ± 2,2	1,7 ± 3,8	< 0,8
	Futurs	0,4 ± 1,4	0,1 ± 0,2	< 0,3
	Conditionnels	0,2 ± 0,6	0	< 0,2
	Subjonctifs	0,2 ± 0,4	0	< 0,1
	Impératifs	0,1 ± 0,2	0,6 ± 1,8	< 0,3
	Auxiliaires	1,5 ± 1,7	0,8 ± 1,7	< 0,3
Modalités	Articles corrects	23,1 ± 7,5	28,7 ± 11,7	< 0,2
	Articles manquants	0,4 ± 1,4	7,4 ± 9,7	< 0,005
	Amalgames corrects	3,4 ± 2,8	2,7 ± 1,9	< 0,4
	Amalgames manquants	0	0,2 ± 0,5	< 0,2
	Possessifs corrects	6,1 ± 6,5	2,6 ± 3,7	< 0,1
	Possessifs manquants	0	0,3 ± 0,5	< 0,05
	Démonstratifs corrects	1,8 ± 2,9	3,4 ± 7,4	< 0,4
	Démonstratifs manquants	1,5 ± 2,2	0,5 ± 0,9	< 0,3
	Total modalités correctes	34,3 ± 8,9	36,7 ± 14,3	< 0,6
	Total modalités manquantes	1,9 ± 2,9	8,3 ± 9,5	< 0,01
	Conjonctions de coordination	2,1 ± 3,7	3,2 ± 5,0	< 0,5

	Items 5 a b c	Aphasie Wernicke 20	Agrammatisme 19	p
Monèmes fonctionnels	Conjonctions subordination	1,1 ± 1,7	$\overline{1,0}$ ± 1,8	> $\overline{0,95}$
	Pronoms relatifs	1,3 ± 1,9	$\overline{0,1}$ ± 0,3	< 0,02
	Prépositions correctes	16,7 ± 9,8	$\overline{12,9}$ ± 8,1	< 0,2
	Prépositions manquantes	0,1 ± 0,5	$\overline{1,8}$ ± 3,1	< 0,025
	Total relat. + conj. sub. corrects	2,3 ± 2,6	$\overline{1,1}$ ± 1,9	< 0,2
	Total relat. + conj. sub. manquants	0,1 ± 0,2	$\overline{0,6}$ ± 0,3	< 0,6
	Total monèmes fonction. corrects	19,2 ± 10,9	14,0 ± 8,4	< 0,2
	Total monèmes fonction. manquants	0,1 ± 0,5	$\overline{1,9}$ ± 3,1	< 0,02
Accords	Accords articles incorrects	0,2 ± 0,4	$\overline{0,9}$ ± 1,1	< 0,01
	Accords adjectifs incorrects	0,2 ± 0,7	$\overline{0,7}$ ± 1,3	< 0,2
	Accords verbes incorrects	0,2 ± 0,5	$\overline{0,3}$ ± 0,5	< 0,6
	Accords possessifs incorrects	0,1 ± 0,2	0,2 ± 0,4	< 0,4

TABLEAU III

Item 5 d. Production de phrases à partir de lexèmes donnés et conformément à un modèle syntaxique. Résultats comparatifs en chiffres absolus.
Aphasie de Wernicke 20. Agrammatisme 19.

Item 5 d	Attendus	Aphasie Wernicke 20	Agrammatisme 19	p
Phrases conformes au modèle	20	10,0 ± 5,0	$\underline{4,6}$ ± 5,4	0,005
Phrases non conformes au modèle, mais correctes		5,5 ± 2,8	$\underline{4,0}$ ± 3,4	0,2
Phrases correctes		15,5 ± 4,8	$\overline{8,6}$ ± 7,1	0,005
Phrases incorrectes		4,4 ± 3,2	$\overline{11,3}$ ± 6,7	0,001
Passifs corrects	2	1,2 ± 0,8	1,0 ± 1,5	0,7
Passifs incorrects		0 ±	$\underline{0,1}$ ± 0,3	0,2
Passifs manquants		0,6 ± 0,8	$\overline{1,2}$ ± 1,0	0,1
Pronominaux corrects	1	0,8 ± 0,8	$\overline{0,3}$ ± 0,6	0,1
Verbes conjugués corrects	26	22,5 ± 6,2	14,7 ± 8,4	0,005
Verbes conjugués incorrects		0,6 ± 0,9	$\overline{2,5}$ ± 2,8	0,01
Verbes non conjugués		0,5 ± 0,9	$\overline{6,8}$ ± 6,6	0,001
Verbes manquants		0	$\overline{0,7}$ ± 1,6	0,05
Passés corrects	1	1,7 ± 1,8	1,9 ± 2,6	0,8
Passés incorrects		0,3 ± 0,8	0,2 ± 0,5	0,7
Passés manquants		0,3 ± 0,6	0,7 ± 0,6	0,1
Futurs corrects	6	5,2 ± 3,7	$\overline{2,0}$ ± 2,9	0,01
Futurs incorrects		0,2 ± 0,4	0,2 ± 0,6	0,7
Futurs manquants		1,7 ± 2,3	4,0 ± 2,4	0,005

Item 5 d	Attendus	Aphasie Wernicke 20	Agrammatisme 19	p
Articles corrects	23	24,6 ± 5,7	26,8 ± 8,6	0,4
Articles manquants		0,2 ± 0,4	3,3 ± 4,8	0,005
Amalgames corrects	1	3,9 ± 2,2	3,6 ± 2,8	0,8
Possessifs corrects	5	5,2 ± 2,8	2,4 ± 2,3	0,005
Possessifs incorrects		0,3 ± 0,5	0,2 ± 0,4	0,5
Possessifs manquants		1,6 ± 1,5	2,9 ± 1,8	0,02
Total modalités correctes	29	33,7 ± 8,0	32,8 ± 10,9	0,8
Total modalités manquantes		1,8 ± 1,7	6,4 ± 5,6	0,005
Conjonctions subordin. correctes	2	1,6 ± 0,8	1,2 ± 0,9	0,3
Conjonctions subordin. manquantes		0,3 ± 0,6	0,6 ± 0,9	0,2
Pronoms relatifs corrects	4	3,0 ± 1,4	3,1 ± 1,6	0,95
Pronoms relatifs incorrects		0	0,2 ± 0,5	0,2
Pronoms relatifs manquants		1,0 ± 0,8	0,8 ± 1,1	0,6
Prépositions correctes	8	10,9 ± 3,9	8,4 ± 4,0	0,1
Prépositions incorrectes		0,1 ± 0,2	0,1 ± 0,3	0,6
Prépositions manquantes		0,4 ± 0,9	1,2 ± 1,8	0,1
Total monèmes fonction. corrects	14	15,4 ± 5,3	12,9 ± 5,3	0,2
Total monèmes fonction. incorrects		0,1 ± 0,2	0,3 ± 0,8	0,3
Total monèmes fonction. manquants		1,7 ± 1,6	2,6 ± 2,8	0,2

Items 5 a b c	Agrammatique		Wernicke	
a) phrases correctes au sens scolaire strict du terme, sans hésitation ni reprise ou correction	182	35 %	278	62 %
b) phrases correctes à raison d'une seule réponse par stimulus, mais y compris les phrases justes après corrections	47 + 182 = 229	9 % 44 %	83 + 278 = 361	19 % 81 %
c) dénombrement admettant plusieurs phrases correctes par stimulus, y compris beaucoup de phrases stéréotypées correctes, bien que ne répondant pas à la consigne : « ça va, je ne sais pas, voyons voir, attends un peu, » etc.	37 + 229 = 266	7 % 51 %	26 + 361 = 387	6 % 87 %

d) phrases syntaxiquement correctes, mais entachées d'une pure erreur morphologique (généralement un accord : le pomme; la pomme est bon, les nids est vide, etc.)

17	3 %	5	1 %
+ 266		+ 387	
283	54 %	392	88 %

e) phrases correctes du point de vue de la langue parlée avec généralement un prédicat implicite lié à la situation et pas de verbe, pas d'actualisateur (ex. boire raisonnablement, plusieurs danses modernes, etc.)

10	4 %	14	3 %
+ 283		+ 392	
293	58 %	406	91 %

Dans l'item 5 d, les phrases correctes conformes aux deux premiers dénombrements a et b corroborent étroitement les résultats de l'item 5 a b c

a + b   172   45 %   310   81 %

Donc, quelle que soit la sévérité du dénombrement, l'ensemble des agrammatiques se caractérise toujours par une proportion plus élevée de phrases incorrectes par rapport aux aphasies de Wernicke. Le dénombrement le plus intéressant, admettant les autocorrections, mais écartant les stéréotypes, les répétitions de plusieurs phrases par stimulus, les phrases morphologiquement fausses et les phrases incomplètes à prédicats non verbaux, est aussi celui qui montre l'écart le plus net : 44 % contre 81 %. On voit également que les stéréotypes, les phrases toutes faites sont d'une fréquence pratiquement égale dans les deux groupes, alors que les auto-corrections sont nettement plus nombreuses dans l'aphasie de Wernicke : 9 % contre 19 %, et les erreurs purement morphologiques dans l'agrammatisme : 3 % contre 1 %. Enfin, l'agrammatique n'est pas sensiblement aidé lorsque les lexèmes à employer, comme le modèle syntaxique de la phrase à construire, lui sont données : 44 % contre 45 %.

* * *

Naturellement, le déficit de production de phrases correctes n'est que le trait le plus général de l'agrammatisme, puisqu'il n'est que la somme résultante des traits qui rendent la phrase incorrecte. Essayons d'examiner ces derniers en fonction du plan que nous avons admis.

2) Si l'on accepte que *le prédicat* (ou plus largement le syntagme prédicatif ou noyau prédicatif) soit l'élément central sans lequel il n'y a pas de phrases normales, il faut examiner le comportement des phrases agrammatiques vis-à-vis du prédicat. Dans les items 5 a b c, seuls analysables puisqu'en 5 d le prédicat est donné, les agrammatiques présentent en moyenne 22,7 prédicats, les Wernicke 22,3. L'étude des manques, bien que très peu nombreux, montre un écart plus net, 10 % dans l'agrammatisme, 4 % dans l'aphasie de Wernicke, soit deux fois moins. Néanmoins, le fait dominant reste la conservation du prédicat dans l'agrammatisme, neuf fois sur dix. De ces chiffres, il semble impossible de déduire que la désorganisation syntaxique de l'énoncé agrammatique soit due essentiellement au manque de prédicat; au contraire, le maintien très fréquent du prédicat semble constituer un élément essentiel de la conservation de la compréhensibilité du discours agrammatique.

3) Il n'en est pas de même pour l'autre élément du syntagme prédicatif, *l'actualisateur du prédicat* qui est généralement en français le sujet du prédicat verbal. Ici, sur 507 prédicats d'énoncés agrammatiques, nous trouvons 108 actualisateurs manquants, soit 20 %; tandis que pour 447 énoncés témoins, il n'y a que 5 manques, dont 3 proviennent du même sujet, soit 1 %. Ce trait, tout à fait caractéristique, est corrélé avec un autre trait central de l'énoncé agrammatique : l'emploi fréquent du verbe à l'infinitif. Mais tous les verbes à l'infinitif qui sont des prédicats, ne sont pas pour autant dépourvus d'actualisateur : 81 contre 22 actualisés par un sujet qui est presque toujours un substantif, sauf une fois /il/ (boire), une fois /moi/ (boire), deux fois le prénom au lieu de *je* /Robert/ (boire).

4) Puisque dans l'énoncé tout ce qui n'est pas le syntagme prédicatif (prédicat avec ses modalités + actualisateur) est *expansion*, il est intéressant de voir comment se présentent à cet égard les énoncés d'agrammatique. Il est vrai que le dénombrement exact des expansions primaires et secondaires dans chaque énoncé est difficile. Si l'on tient compte de toutes les expansions, le tableau II donne en moyenne, pour les agrammatiques 18,5 ± 9,9 expansions contre 19,8 ± 11,2 chez les aphasies de Wernicke. Non seulement cette différence n'est pas significative, mais elle donne un p voisin de 0,8. Toutefois, ce résultat doit être légèrement corrigé, si l'on prend en considération non plus le nombre d'expansions par sujet, mais le nombre d'expansions par énoncé. Il est pour l'ensemble des agrammatiques de $\frac{352}{496}$, soit sensiblement 0,71 expansion par énoncé et pour l'en-

semble des aphasies de Wernicke de $\frac{396}{442}$ soit sensiblement 0,89 expansion par énoncé. Quoi qu'il en soit, la très discrète supériorité des témoins paraît ici moins significative que le maintien des expansions dans les énoncés agrammatiques. Il conviendra cependant, lorsque toutes les parties du discours auront été analysées, d'essayer d'apprécier si les expansions secondaires sont plus touchées que les primaires.

On notera pour mémoire la présence d'une expansion un peu particulière : la négation. Elle est produite par les agrammatiques en moyenne 1,1 ± 1,3 fois, par les aphasiques de Wernicke 1,6 ± 1,6 fois. Mais cette différence n'est pas significative p 0,3. Sur l'ensemble des énoncés, elle est présente 21 fois chez les agrammatiques contre 32 fois chez les témoins. A l'inverse, la négation, sous forme de mots-phrases et non d'expansion, précédant généralement une autocorrection, est plus fréquente chez l'agrammatique, en moyenne 1,4 ± 1,8 fois, que chez les Wernicke, 0,7 ± 0,9 ; différence presque significative p 0,2. Sur l'ensemble des énoncés on note 26 négations mots-phrases chez les agrammatiques, contre 13 chez les Wernicke. Ce rapport inverse des négations-expansion et négations « mots-phrases » prend probablement plus de valeur.

Les formes interrogatives sont tout à fait exceptionnelles dans les deux groupes. Mais les stimuli de l'item n'appellent pas spécialement l'interrogation, ce qui masque vraisemblablement la différence attendue.

**

Une fois que la structure essentielle de l'énoncé, le syntagme prédicatif, est mis en place, les relations syntaxiques s'établissent selon trois types de structure,

— l'ordre, quand il marque la fonction des éléments,

— l'autonomie syntaxique proprement dite,

— l'emploi d'éléments spécifiquement fonctionnels,

que nous allons passer successivement en revue.

5) *L'ordre structural* est généralement conservé dans les énoncés agrammatiques. Toutefois, même si l'on tient compte du fait qu'il n'est pas toujours facile d'affirmer qu'il y a bien perturbation de l'ordre structural, il est clair que ces dernières ne sont pas totalement absentes. Les agrammatiques en présentent en moyenne 1,0 ± 1,63 contre 0,31 ± 1,0

chez les Wernicke. La différence est voisine de la signification p 0,2. Sur la totalité des énoncés, 19 fois l'ordre est perturbé dans le groupe des agrammatiques, contre 6 fois chez les témoins. Mais les perturbations sont de type variable : /la serrure ouvre la clé/ /Pierre a baigné l'eau lorsque.../ pour la phrase attendue, « Pierre se baignera lorsque l'eau sera plus chaude ». /Les fleurs vous cultivez que/ /tartine de pain coupe/ /je les aime regarder dans les arbres les nids/.

Par contre, lorsqu'il s'agit de faire un choix parmi des phrases dans lesquelles l'ordre structural est respecté ou non, l'agrammatique n'a pas plus de difficulté que l'aphasique de Wernicke.

6) *Les monèmes ou syntagmes autonomes* proprement dits (leur rapport au reste de l'énoncé est inclus dans leur sens) sont aussi fréquents chez l'agrammatique que chez le Wernicke et sont normalement utilisés. Dans les phrases engendrées spontanément, items 5 a b c, ils sont plutôt plus nombreux dans les énoncés agrammatiques, 61, que dans ceux des aphasiques de Wernicke, 53. Dans les deux groupes, ils sont présents chez 3 malades sur 4. Ce sont des temporels (toujours, souvent, le soir, le matin, l'été, après-midi, demain, hier, le 31 décembre, dimanche, lundi, etc...), des adverbes de lieu (dehors), des appositions (ça, moi, mon Dieu, etc...). Le fonctionnement de l'autonomie syntaxique paraît donc entièrement conservé chez les agrammatiques. Lorsqu'il s'agit de les produire pour remplir les trous d'une phrase (items 5 d et 8 b, tableau I), les résultats sont rigoureusement identiques dans les deux groupes également en moyenne 84,2 % ± 15,8 de réussites chez les agrammatiques, contre 84,7 % ± 14,2 chez les Wernicke. L'identité de comportement est pratiquement significative p 0,9.

* * *

On divise traditionnellement les conjonctions en conjonctions de coordination et de subordination. L'analogie formelle qui les fait nommer conjonctions, dissimule une différence de fonction assez grande. La fonction de coordination est simple; elle se limite à l'addition d'éléments linguistiques semblables, soit à l'intérieur d'une proposition, soit entre propositions. La fonction de subordination ne s'exerce, au contraire, qu'entre propositions de valeur syntaxique différente.

7) Nous trouvons chez les agrammatiques, dans les items 5 a b c, 61 *conjonctions de coordination* chez 14 locuteurs sur 19. Le tiers exerce

sa fonction à l'intérieur d'une proposition, les deux tiers entre propositions. Chez les aphasiques de Wernicke, on enregistre 41 coordinations chez 12 locuteurs sur 20. En moyenne $3,2 \pm 5,0$ conjonctions de coordination chez l'agrammatique, contre $2,1 \pm 3,7$ chez l'aphasique de Wernicke. Vu les variations d'un sujet à l'autre, cette différence n'est pas significative $p < 0,5$. Il ne fait pas de doute cependant, que cette tendance à la liaison syntaxique la plus simple peut être retenue comme un des traits de l'agrammatisme. Elle s'explique aussi par le nombre de reprises avec corrections, d'énoncés interrompus, etc. Ces conjonctions sont les mêmes pour les deux groupes : *et* (plus de la moitié), *ou, mais, donc, alors, car, puis et puis, et alors, et ensuite.*

Le nombre des *conjonctions de subordination* n'est pas différentiel entre les deux groupes. Dans les items 5 a b c, elles sont trois fois moins nombreuses chez l'agrammatique que les conjonctions de coordination, deux fois moins nombreuses dans l'aphasie de Wernicke. Mais en moyenne, leur nombre est tout à fait identique : A. $1,0 \pm 1,8$, W. $1,1 \pm 1,7$ p 0,95. Ce sont : *quand, lorsque, comme, afin que, dès que, puisque, surtout que*, et plus encore *parce que*, dont la fonction est ambiguë. Formellement, il s'agit d'une conjonction de subordination, mais sémantiquement elle est souvent égale à *car*. On la trouve 15 fois chez les agrammatiques pour 4 fois chez les aphasies de Wernicke. Si l'on tient compte de cette ambiguïté et qu'on ne retient plus que les autres conjonctions de subordination, il n'y en aurait plus alors que 4 chez les agrammatiques, en moyenne 0,21, pour 17 chez les aphasiques de Wernicke, en moyenne 0,85. Cette différence deviendrait alors certainement significative.

Dans l'item 5 d, où la conjonction de subordination est donnée dans le modèle syntaxique : « Je viendrai à table lorsque le couvert sera mis », les performances sont bien meilleures. Puisque sur deux « lorsque » attendus, les agrammatiques en réalisent en moyenne $1,2 \pm 0,9$ et les aphasiques de Wernicke $1,6 \pm 0,8$ $p < 0,3$. Mais les manques en dépit du modèle sont plus significatifs : A. $0,6 \pm 0,9$, W. $0,3 \pm 0,6$ $p < 0,2$.

Quoi qu'il en soit, ces résultats ne sont pas faciles à interpréter. A la limite du significatif dans l'item 5 d, ils seraient certainement significatifs dans les items 5 a b c, si l'on tenait compte de l'ambiguïté de *parce que*, qu'affectionnent les agrammatiques.

Les pronoms relatifs sont plus atteints. Dans les items 5 a b c, nous n'avons rencontré que 2 relatifs chez deux agrammatiques sur 19, moyenne $0,1 \pm 0,3$, alors que les aphasiques de Wernicke en produisent 25, répartis chez 12 patients sur 20, moyenne $1,3 \pm 1,9$ $P < 0,02$. Cette absence statistique voyante des pronoms relatifs doit sans doute être mise en rapport avec leur complexité structurale; alors que la conjonction n'a qu'un rôle fonctionnel pur, le pronom relatif est en français l'amalgame d'un fonctionnel, qui relie à un élément donné la proposition subordonnée, et d'un pronom. Il implique donc un choix complexe en relation avec le substantif qu'il remplace d'une part, et avec la fonction que jouerait ce substantif dans la subordonnée. Dans l'item 5 d où 4 pronoms relatifs étaient attendus (deux *qui* et deux *que*), cette différence disparaît complètement : moyenne A. 3,1 ± 1,6, W. 3,0 ± 1,4, P > 0,95. Seule, la présence chez les 19 agrammatiques de 3 pronoms relatifs manquants, alors qu'il n'y en a pas chez les aphasiques de Wernicke, témoigne peut-être d'une petite différence. Il convient cependant de relever que, dans cet item, la présence dans le modèle du pronom relatif, qu'il faut employer sous la même forme, réduit le choix à sa plus simple expression, si le reste de la phrase est construit conformément au modèle.

* * *

Les prépositions sont des fonctionnels différents qui n'interviennent, pour établir des relations syntaxiques, qu'à l'intérieur de la proposition ou du syntagme. Alors que les conjonctions de subordination ne marquent que des expansions secondaires du prédicat, les prépositions peuvent introduire, tantôt des régis du verbe en fonction primaire, tantôt des déterminants d'un autre syntagme que le prédicat, donc en fonction secondaire. On peut penser a priori, que l'utilisation de prépositions marquant des fonctions secondaires est plus complexe que celles exerçant leur action centrifuge sur le prédicat. Mais beaucoup de prépositions (appelons-les intrasyntagmatiques) marquant une fonction secondaire à l'intérieur d'un syntagme sont en fait intégrées dans des éléments plus ou moins lexicalisées, dont la cohésion est variable. Il y a tous les degrés entre le figement absolu comme dans « pomme *de* terre » et l'imprédictibilité syntaxique totale comme dans « un nid *dans* le marais ».

8) Dans les items 5 a bc, les agrammatiques produisent 245 *prépositions* pour 496 énoncés, soit en moyenne par malade 12,9 ± 8,1, alors qu'on en trouve ches les aphasiques de Wernicke 334 pour 442 énoncés, soit en moyenne par sujet 16,7 ± 9,8 P < 0,2. Mais les manques certains fournissent ici une indication de prix : 34 chez 7 agrammatiques et 2 seulement chez un aphasique de Wernicke, soit en moyenne A. 1,8 ± 3,1, W. 0,1 ± 0,5 P < 0,025. Quoi qu'il en soit, tous les agrammatiques utilisent des prépositions, entre 3 et 31 par malade, et 5 fois sur 6 la préposition joue réellement son rôle de fonctionnel inter-syntagmatique en fonction pri-

maire. C'est dire que les prépositions introduisant des expansions secondaires sont rares et qu'en même temps la conservation des prépositions n'est pas liée au jeu des structures relativement stéréotypées des syntagmes totalement ou partiellement lexicalisés. Dans l'item 5 d, toutes les prépositions attendues marquent des expansions primaires. On en observe 168 dans les énoncés agrammatiques et 218 dans ceux des aphasiques de Wernicke, soit en moyenne A. $8,4 \pm 4,0$, W. $10,9 \pm 3,9$ P $< 0,1$. Les emplois faux ne sont pas significatifs, en moyenne A. $0,1 \pm 0,3$, W. $0,1 \pm 0,2$ P $< 0,6$. Par contre, les manques sont à nouveau très voisins de la signification, 23 en tout chez les agrammatiques, 7 chez les aphasiques de Wernicke, moyenne A. $1,2 \pm 1,8$, W. $0,4 \pm 0,9$ P $< 0,1$.

Pour les phrases à trous des items 5 d et 8 b, la distinction entre les différents monèmes fonctionnels (conjonction de subordination, pronom relatif, préposition) n'a pas été faite. Globalement, la différence entre agrammatiques et aphasies de Wernicke est significative, moyenne A. $83,8 \% \pm 8,6$ de réussites, W. $90,2 \% \pm 6,1$ P $< 0,02$.

Si l'on essaie de récapituler l'ensemble des faits ayant trait aux monèmes fonctionnels, on constate que les mieux conservés sont les prépositions introduisant des expansions primaires. Viennent ensuite les conjonctions de subordination. Mais ici, les résultats sont tout à fait différents, si l'on admet que /parce que/ jouit d'un statut spécial très proche des conjonctions de coordination. Dans ce cas, les vraies conjonctions de subordination deviennent aussi extrêmement rares, presque aussi rares que les pronoms relatifs.

Les conjonctions de coordination, dont la fonction est particulièrement simple, jonction d'éléments syntaxiques de même valeur, se distinguent au moins par leur totale conservation, si ce n'est par leur augmentation.

*

Il reste à examiner les « outils syntaxiques », qu'on appelle modalités. A la différence de l'autonomie propre, ou de l'ordre structural, ou des monèmes fonctionnels, les modalités ne concourent jamais directement à la construction proprement dite de l'énoncé. Ce sont des déterminants grammaticaux qui s'appliquent aux éléments mis en place par les fonctions syntaxiques : soit détermination des éléments substantifs par l'article, l'adjectif possessif ou démonstratif ou indéfini, par exemple; soit détermination des éléments verbaux par les formes conjuguées en personne, en temps et en nombre; soit détermination en genre et en nombre de certains éléments adjectivaux.

9) Chez les agrammatiques, aucun de nos locuteurs n'est privé de l'usage de *l'article*. Dans les items 5 a b c, on relève 526 articles dans 496 énoncés, contre 462 pour 442 énoncés chez les aphasiques de Wernicke; moyenne A. 28,7 $\pm$ 11,7, W. 23,1 $\pm$ 7,5 p 0,2. Leur augmentation sur l'ensemble des agrammatiques est donc voisine de la significativité. D'autant plus typique est ici le chiffre des manques : 140 chez 13 patients (6 agrammatiques ne présentent aucun manque d'article); moyenne A. 7,4 $\pm$ 9,7, W. 0,4 $\pm$ 1,4 p < 0,2. Pour l'item 5 d, les résultats sont tout à fait parallèles. Sur 360 énoncés, 509 articles chez les agrammatiques, 491 sur 360 énoncés chez les aphasiques de Wernicke; moyenne A. 26,8 $\pm$ 8,6, W. 24,6 $\pm$ 5,7 p < 0,4. Pour les manques, 39 chez 11 locuteurs agrammatiques contre 1 chez les aphasiques de Wernicke; moyenne A. 3,3 $\pm$ 4,8, W. 0,2 $\pm$ 0,4 p < 0,005.

**

Certains articles, en français, sont le siège d'un phénomène linguistique qu'on appelle l'amalgame; il s'agit de la fusion, dans certains contextes, de deux monèmes qui existent ailleurs à l'état libre (cf. « *de l*'hôpital »/« du marché »; *du* est l'amalgame d'une préposition et d'un article).

10) Dans les items 5 a b c, on relève 51 *amalgames* chez 17 agrammatiques contre 67 amalgames chez 18 témoins; moyenne A. 2,7 $\pm$ 1,9, W. 3,4 $\pm$ 2,8 p < 0,4. La différence, petite, n'est évidemment pas significative, mais il est important de constater qu'elle se fait en sens inverse de celle des articles et dans le même sens que celle des prépositions. Les manques sont aussi moins différentiels : moyenne A. 0,2 $\pm$ 0,5, W. 0 p < 0,2. Pour l'item 5 d, la différence entre agrammatiques et témoins disparaît; moyenne A. 3,6 $\pm$ 2,8, W. 3,9 $\pm$ 2,2 p < 0,8.

11) Pour les *démonstratifs*, il faut distinguer les adjectifs qui sont des modalités, des pronoms qui n'en sont pas. Si l'ensemble des démonstratifs dans les items 5 a b c est plus nombreux chez les agrammatiques que chez les témoins; moyenne A. 3,4 $\pm$ 7,4, W. 1,8 $\pm$ 2,9 P < 0,05, ceci est dû aux nombreux stéréotypes du genre « c'est », « ça c'est ». En fait, les adjectifs démonstratifs *ce, cet, cette* sont 3 fois moins nombreux chez les agrammatiques, 9 contre 29.

12) *Les modalités du possessif* sont particulièrement peu nombreuses chez l'agrammatique : dans les items 5 a b c, 50 chez 14 agrammatiques,

contre 121 chez 17 aphasies de Wernicke; moyenne A. 2,6 ± 3,7, W. 6,1 ± 6,5 P < 0,1. Les adjectifs possessifs sont variés, *mon, ma, mes, sa, son, ses, ta* chez tous; et *leur, notre, nos, votre,* en plus chez les témoins. Dans l'item 5 d, la différence est encore plus significative, 46 chez les agrammatiques, 101 chez les témoins, soit en moyenne A. 2,4 ± 2,3, W. 5,2 ± 2,8 P < 0,005. Cette faiblesse de la modalité du possessif peut s'expliquer par le fait que les possessifs, en français, sont des modalités complexes : pour la personne, ils se rapportent au « possesseur », pour le genre et le nombre au « possédé ». Il y a là une fonction de substitut qui n'est pas sans rappeler celle du pronom relatif. Pourtant, contrairement à ce dernier, le déficit du possessif reste net dans l'item 5 d. On peut penser que pour les relatifs *qui, que,* la nécessité de faire le rapport entre le substantif remplacé était supprimé par la phrase modèle, alors qu'il n'en est rien pour le possessif.

« le chat poursuit la souris qui s'enfuit » (modèle),

« Maman servir soupe fumer » (inducteur),

« La maman appelle ses enfants » (modèle),

« Ennemis détester adversaires » (inducteur).

Quoi qu'il en soit, les manques dans les deux items 5 a b c et 5 d sont significatifs; moyenne 5 a b c A. 0,3 ± 0,5, W. O P < 0,05; 5 d A. 2,9 ± 1,8, W. 1,6 ± 1,5 P < 0,02.

13) Qu'en est-il des *modalités* qui déterminent le temps, la personne, le nombre dans les prédicats verbaux *constituant la conjugaison?* Dans les items 5 a b c, on relève 380 verbes conjugués chez les agrammatiques contre 474 chez les aphasiques de Wernicke; moyenne A. 20,0 ± 8,4, W. 23,7 ± 3,1 P < 0,1, bien que les énoncés des agrammatiques soient plus nombreux que ceux des Wernicke, 496 contre 472 et que le prédicat soit conservé 9 fois sur 10 chez les agrammatiques. Le trait essentiel est donc ici la présence chez les agrammatiques de 110 verbes non conjugués chez 15 locuteurs (compte non tenu, évidemment, des infinitifs qui sont employés correctement comme tels dans les énoncés), tandis que chez les aphasiques de Wernicke on n'en trouve que 11 chez 5 locuteurs; en moyenne A. 5,8 ± 8,4, W. 0,6 ± 1,2 p < 0,01. Les mêmes différences se retrouvent, sinon plus marquées, dans l'item 5 d. On relève 279 verbes conjugués corrects chez les agrammatiques contre 449 chez les aphasiques de Wernicke; moyenne A. 14,7 ± 8,4, W. 22,5 ± 6,2 p < 0,005. Les verbes non conjugués sont aussi très fréquents et différentiels, 128 contre 9; moyenne A. 6,8 ± 6,6, W. 0,5 ± 0,9 p < 0,001.

Pour ce qui est des temps, les items 5 a b c n'induisent guère d'autres formes que l'indicatif présent. Ils ne sont donc pas favorables. Néanmoins, on constate que le subjonctif, le conditionnel n'existent chez aucun agrammatique, alors que pour être très rares, ils sont tout de même produits par les témoins. Chez l'agrammatique le participe présent, le futur sont aussi très rares; l'imparfait, le participe passé, le passé composé sont rares, mais, pour ces trois derniers, pas plus rares que chez les aphasiques de Wernicke; l'impératif, plus fréquent chez les agrammatiques, mais pas chez tous, manifeste des stéréotypes du type *voyons-voir, attends*, etc. Dans l'item 5 d, à part l'indicatif présent, seul le futur était attendu 6 fois. La différence se marque alors significativement; moyenne A. $2,6 \pm 2,9$. W. $5,2 \pm 3,7$ p $< 0,001$ et plus encore sur les manques A. $4,0 \pm 2,4$, W. $1,7 \pm 2,3$ p $< 0,005$. Notons encore que les futurs proches (du type : je vais faire = je ferai) sont plus rares chez l'agrammatique, 7 sur 38, contre 33 sur 67 chez les Wernicke.

Les formes passives sont très rares chez les agrammatiques et, bien que les items 5 a b c n'induisent que peu de passifs, même chez les Wernicke, ils sont différentiels; moyenne A. $0,3 \pm 0,6$, W. $1,3 \pm 1,5$ p $< 0,02$. La différence s'atténue dans l'item 5 d où le modèle syntaxique de la voix passive est donné dans la phrase inductrice; moyenne A. $1,0 \pm 1,5$, W. $1,2 \pm 0,8$ p $< 0,7$. Mais les manques restent à la limite du significatif; A. $1,2 \pm 1,0$, W. $0,6 \pm 0,8$ p $< 0,1$. Le déficit pour les formes pronominales est encore plus net dans les items 5 a b c; A. $0,7 \pm 1,4$, W. $1,9 \pm 1,6$ p $< 0,025$. A nouveau il s'atténue dans l'item 5 d avec modèle A. $0,3 \pm 0,6$, W. $0,8 \pm 0,8$ p $< 0,1$.

Pour mémoire, on notera deux fois plus d'auxiliaires modaux (excluant *être* et *avoir*), comme *devoir, pouvoir, falloir, savoir*, etc. chez les témoins (29) que chez les agrammatiques (16). Pour *être* et *avoir*, le déficit est net, mais pas significatif; moyenne A. $0,8 \pm 1,7$, W. $1,5 \pm 1,7$ P $< 0,3$.

14) Il reste à examiner les phénomènes d'accords qui portent en principe sur les modalités sans caractère fonctionnel, mais qui peuvent, en français, par accroc, fournir des indications sur la structure de l'énoncé. Si dans les items 5 a b c on les compare aux manques, les erreurs sont fort peu nombreuses, bien qu'elles restent différentielles pour les articles; A. $0,9 \pm 1,1$, W. $0,2 \pm 0,4$ P $< 0,01$, à la limite pour les adjectifs A. $0,7 \pm 1,3$, W. $0,2 \pm 0,7$ P $< 0,2$, mais non pour les verbes A. $0,3 \pm 0,5$, W. $0,2 \pm 0,5$ P $< 0,6$, ni pour les possessifs A. $0,2 \pm 0,4$, W. $0,1 \pm 0,2$ P $< 0,4$. Il est vrai que les modalités verbales et du possessif sont les plus rares chez l'agrammatique.

Les items 6 a b c (marques morphologiques à trouver, à corriger et à choix) devraient servir de contre-épreuve à l'analyse des modalités produites dans les items 5 a b c et 5 d et rapportée sous les alinéas 13 et 14. En fait, pour l'ensemble des agrammatiques, ces items 6 a b c ne sont pas différentiels; en moyenne A. 76,8 % ± 14,9 de réussites contre W. 80,3 % ± 14,9 P < 0,5. Il est vrai que le décompte des marques morphologiques a été fait globalement. Pourtant, sur l'ensemble, 29 marques sur 51 sont des modalités verbales. Faut-il en conclure que, lorsque la place de la marque est indiquée par des points dans la phrase, ou qu'elle est fausse, l'agrammatique la produit ou la rétablit plus facilement que dans son langage spontané?

15) Reste à examiner le comportement de cette classe hybride que forment les pronoms. Certains fonctionnent comme des lexèmes, ou parfois comme des modalités, tels les pronoms personnels, les pronoms démonstratifs, les pronoms possessifs, d'autres comme le relatif sont aussi des fonctionnels. Ils ont en commun la fonction de substitut qui paraît très atteinte chez l'agrammatique; nous l'avons vu à propos du pronom relatif; l'exception du pronom démonstratif est liée à la présence de stéréotypes. Qu'en est-il des pronoms personnels? Leur sort est différent selon qu'ils sont sujets du prédicat ou non. Les pronoms sujets sont presque aussi nombreux chez l'agrammatique; moyenne 9,6 ± 5,5, que chez l'aphasique de Wernicke : moyenne 11,2 ± 4,2 P < 0,4. Les manques sont un peu plus révélateurs, A. 0,42 ± 1,1, W. O P < 0,1. Par contre, la différence est très nette lorsqu'ils ne sont pas sujets : A. 0,42 ± 1,1, W. 2,9 ± 2,1 P < 0,001.

Au terme de cette analyse qualitative et quantitative de nos résultats, on peut caractériser les productions de l'ensemble des agrammatiques de la façon suivante :

a) Du point de vue de la structure des énoncés : les prédicats sont conservés 9 fois sur 10. Les actualisateurs du prédicat font plus souvent défaut, mais sont néanmoins conservés à 80 %. Les expansions sont aussi nombreuses que chez les aphasiques de Wernicke, mais elles sont pratiquement toutes primaires. Outre la très grande rareté des prépositions se situant à l'intérieur d'un syntagme (le livre de Pierre), à l'exception des syntagmes lexicalisés (pomme de terre) et l'absence presque totale des conjonctions de subordination en dehors de *parce que*, ce fait est confirmé par la très grande rareté des adjectifs épithètes, des compléments de nom. Au total, l'énoncé type de l'agrammatique, du point de vue de la structure, est un prédicat généralement actualisé accompagné de régis du verbe. Il convient encore de souligner l'abondance de la coordination qui assure une pseudo-expansion par addition d'éléments de même fonction.

b) Du point de vue des 3 procédés généraux, qui permettent de marquer les fonctions des différents éléments de l'énoncé, l'ordre des mots est conservé à 97 %, mais ce déficit, si petit soit-il, est presque significatif par rapport à l'aphasie de Wernicke et nous verrons quelle importance il prend dans certaines formes d'agrammatisme. L'autonomie syntaxique proprement dite est conservée. L'indication de la fonction syntaxique par un monème fonctionnel est nettement perturbée. Elle n'est jamais abolie cependant, mais est généralement réduite à ses formes les plus simples, celles qui permettent les expansions primaires.

c) Du point de vue des parties du discours, la production des lexèmes n'est pas plus atteinte que dans l'aphasie de Wernicke, quand elle ne l'est pas moins. Les substantifs, qui ne sont généralement pas porteurs de marques morphologiques en français, sont plus nombreux que dans les énoncés des aphasiques de Wernicke. Les verbes y sont en nombres sensiblement égaux, mais fréquemment sous forme d'infinitif. Les adjectifs épithètes sont très rares, ce qui se comprend, si on se souvient qu'ils constituent des expansions secondaires. Pour ce qui est des monèmes autonomes, ils sont aussi nombreux que dans l'aphasie de Wernicke.

Quant aux morphèmes, aussi bien les fonctionnels que les modalités sont atteints. Parmi les monèmes fonctionnels, qui sont dans leur ensemble touchés, les prépositions sont significativement diminuées, mais restent cependant nombreuses; si l'on excepte « parce que », qui se rapproche singulièrement des conjonctions de coordination, les conjonctions de subordination sont extrêmement rares; il est vrai qu'elles sont rares aussi dans l'aphasie de Wernicke; les pronoms relatifs font pratiquement totalement défaut.

Les modalités sont aussi globalement atteintes, mais on note parmi ces déterminants grammaticaux des différences considérables. Les articles sont plus nombreux que dans l'aphasie de Wernicke, mais cela fait contraste avec le très grand nombre de fois où ils font défaut. Les amalgames occupent une position intermédiaire entre les articles et les prépositions; moins nombreux que dans les énoncés des aphasiques de Wernicke, ils font cependant moins souvent défaut que les articles. Les démonstratifs et les possessifs, sous leur forme adjectivale de modalités vraies, sont très rares.

Quant aux marques morphologiques, lorsqu'elles doivent être produites dans des phrases à trous, bien que plus atteintes que dans l'aphasie de Wernicke, elles ne le sont pas significativement par rapport à cette dernière. Dans les phrases produites, les marques verbales, quoique aucun agrammatique n'en soit entièrement dépourvu, sont très significativement diminuées. De ce fait, les verbes non conjugués sont fréquents. Les formes verbales les mieux conservées, à part l'indicatif présent qui domine très nettement, sont le participe passé, l'imparfait et le passé composé. Le participe présent, le futur sont très rares, le conditionnel et le subjonctif font totalement défaut. La fréquence de l'impératif est peut-être liée à la présence de stéréotypes. Reste à se demander si ce mode, dans le contexte de notre examen, pouvait apparaître en dehors de stéréotypes du type *attends*, *vas-y*, etc.

Les défauts d'accords sont relativement peu nombreux, mais significatifs pour les modalités produites en suffisamment grand nombre, tels que les articles et les marques d'adjectifs attributs.

Restent les pronoms qui, en dehors de l'augmentation des démonstratifs liés à des stéréotypes « c'est ça, etc. », sont, comme les adjectifs possessifs et démonstratifs, très rares. Ces morphèmes ont une fonction déictique assez voisine de la fonction substitut. Ils se rapportent à un autre élément plus ou moins éloigné de l'énoncé ou à une donnée situationnelle extralinguistique. Cette fonction paraît particulièrement difficile pour l'agrammatique. Toutefois, les pronoms sujets sont nettement mieux conservés.

Quant aux formes verbales, telles que le passif, les formes interrogatives et pronominales, notre protocole ne nous permet de nous prononcer que sur les formes passives et pronominales qui sont significativement diminuées. Nos stimuli n'appelaient pas l'interrogation, mais on sait assez d'après la littérature (GOODGLASS en particulier) qu'elle est diminuée chez l'agrammatique.

CHAPITRE V

Nature du syndrome agrammatique

A. TRAITS DÉFINITOIRES

Nous avons rappelé dans le Chapitre II les traits définitoires de l'agrammatisme, tels qu'ils peuvent être extraits de la littérature tant clinique que linguistique. Au vu de nos résultats, certains d'entre eux doivent être complétés ou modifiés.

— *l'absence de « mots outils »* est exacte globalement. Ce trait doit être nuancé et précisé. Dans l'ensemble, la proportion lexèmes/morphèmes est modifiée dans l'agrammatisme au profit des lexèmes. Mais les morphèmes restent nombreux. Certains d'entre eux, dont la fonction est particulièrement simple, sont même plus nombreux que dans l'aphasie de Wernicke, c'est le cas pour les conjonctions de coordination et les articles. Ce qui n'empêche pas que ces derniers manquent souvent. Parmi les monèmes fonctionnels vrais, seules les prépositions restent nombreuses et, dans la règle, elles ne marquent que la fonction d'expansion primaire. Les marques morphologiques proprement dites sont aussi très inégalement touchées. Le déficit porte plus particulièrement sur les marques verbales. On comprend, dans ces conditions, le paradoxe du texte d'ISSERLIN, qui ne contient pas plus de « mots outils » que l'exemple d'énoncé agrammatique qu'il commente.

— l'emploi préférentiel des *verbes à l'infinitif*. Ce trait est entièrement confirmé à condition de remplacer préférentiel par fréquent, car dans notre corpus les verbes conjugués sont plus nombreux que les nonconjugués. Mais les formes conjuguées sont formellement voisines de l'infinitif : indicatif présent, participe passé, passé composé, impératif; l'imparfait est déjà plus rare.

— *le manque des accords*. C'est également un trait exact, mais il est relativement peu fréquent, si l'on se tient à la définition restrictive de

Martinet « l'accord est redondance ». En effet, ce sont les marques verbales qui font le plus souvent défaut. Or, si elles sont redondance pour ce qui est de la personne et du nombre, elles ont aussi une autre fonction en indiquant le mode et le temps du verbe.

— *le style télégraphique.* Il s'agit d'un trait définitoire analogique ou métaphorique qui est loin d'être exact. L'un de nous, à l'occasion de ce travail a confié à F. Autesserre le soin de faire l'analyse de 170 télégrammes authentiques. Cette étude aboutit aux conclusions suivantes quant aux traits définitoires les plus marquants du style télégraphique.

1) La prédominance des lexèmes et, parmi eux, des substantifs qui fonctionnent très souvent comme prédicats nominaux.

2) L'absence totale ou partielle d'actualisation du prédicat ; 2/3 des prédicats ne sont pas actualisés.

3) la juxtaposition des phrases et des mots qui supplée à deux types de relation syntaxique : la coordination et la subordination [1], au sens que ces termes ont dans la linguistique générale de Martinet. Au niveau de la phrase se marque surtout l'absence de coordination et à celui des mots l'absence de la subordination. La syntaxe utilisée dans l'énoncé télégraphique semble pouvoir aisément se qualifier de syntaxe de position. En l'absence du monème fonctionnel, c'est le sens des mots et la place qu'ils occupent qui permettent de retrouver le rapport qui les lie.

Certains de ces traits existent dans l'énoncé agrammatique, en particulier la prédominance des lexèmes, mais celle des substantifs y est beaucoup moins nette que dans le style télégraphique. La syntaxe de position est conservée, mais pas toujours dominante ; est aussi préservée l'autonomie syntaxique. La conservation des prédicats constitue également un trait commun, mais dans le style télégraphique les prédicats nominaux sont beaucoup plus nombreux. Si, chez l'agrammatique, les actualisateurs du prédicat font assez souvent défaut, 20 %, ce trait est cependant beaucoup moins fréquent que dans les télégrammes, 66 % environ. Dans les deux cas, les monèmes fonctionnels sont diminués, mais d'une façon très différente. Au niveau des propositions, dans les télégrammes, la coordination est remplacée par la juxtaposition, alors qu'au contraire, dans l'énoncé de l'agrammatique, la première est surabondante ; la subordination est conservée dans le télégramme, elle est exceptionnelle

---

[1] La subordination réunit ici les relations marquées par les prépositions et les conjonctions de subordination.

dans l'énoncé agrammatique. Au niveau des syntagmes, la subordination par les prépositions est évitée régulièrement dans le style télégraphique; dans l'énoncé agrammatique, les prépositions introduisant des expansions primaires sont nombreuses, bien qu'elles fassent défaut assez souvent.

Pour ce qui est des modalités et du phénomène de l'accord, les articles sont rares dans les télégrammes, alors que les possessifs sont mieux conservés. C'est l'inverse dans l'énoncé agrammatique. De même, ce sont les marques verbales qui sont le plus souvent présentes dans les premiers, alors que ce sont les plus atteintes dans l'énoncé agrammatique.

Nous aboutissons à une vérité d'évidence. Le style télégraphique traduit plus ou moins habilement le souci d'économie d'un locuteur qui dispose de tous les procédés syntaxiques. L'énoncé agrammatique est le style, pas toujours économique, d'un locuteur qui ne dispose que très partiellement des procédés de la syntaxe.

— la conservation ou non de l'ordre des mots. Pour l'ensemble des agrammatiques, l'ordre des mots en français est conservé à 97 %.

— la réduction des énoncés à un seul élément ou énoncé monorhématique. Pour l'ensemble des agrammatiques, ce trait est inexact. Les énoncés comportent régulièrement la structure syntaxique minimale, prédicat et régis du prédicat.

— la conservation des formules toutes faites. Les stéréotypes sont plus fréquents dans les énoncés d'agrammatiques que dans ceux des aphasiques de Wernicke retenus comme témoins. Mais rappelons qu'un des critères du choix de ces derniers était une disponibilité de lexique comparable à celle des agrammatiques. Nous ne croyons donc pas que ce trait soit caractéristique de l'agrammatisme.

B. DESCRIPTION GÉNÉRALE DU SYNDROME AGRAMMATIQUE

A ce stade de notre travail, si l'on juge nécessaire de donner une description générale du syndrome agrammatique, on se résoudrait à dire : pour décrire le langage de l'agrammatique, il ne faut pas mettre sur le même plan le bilan des manques et celui des conservations. Les manques définissent fondamentalement le trouble, et non les conservations, puisque toutes les fonctions syntaxiques peuvent être ou sont conservées. La prise en considération statistique des conservations n'a probablement de signification qu'en second lieu et peut-être plus pour l'explication du trouble que pour sa description.

Ceci étant tenu présent, l'agrammatisme n'apparaît pas comme la perte du pouvoir de construction de l'énoncé, ni même la réduction de celui-ci à la production de l'énoncé minimal privé d'expansions. Dans 9 énoncés sur 10, le prédicat reste présent et fournit l'armature sans laquelle il n'y a pas de structure de l'énoncé. L'ordre est conservé à 97 %. Les monèmes autonomes ne sont pas plus rares que chez les témoins. Les expansions elles-mêmes restent fréquentes, tout au moins les expansions primaires. C'est au niveau des monèmes fonctionnels que la désorganisation apparaît. Elle n'est pas sensible dans la coordination, qui établit une structure linguistique simple. Elle l'est beaucoup plus dans la subordination par conjonction qui est souvent remplacée par la coordination ou la juxtaposition, ce qui apparaît comme un trait marquant de l'agrammatisme. Le déficit est voyant pour les relatifs presque totalement absents. Les prépositions, bien que très fréquentes dans l'énoncé agrammatique, fournissent un autre trait symptomatique, parce qu'elles présentent des manques, et que ces manques portent généralement sur des prépositions jouant le rôle de fonctionnel inter-syntagmatique. La question reste ouverte de savoir si et quand leur contenu sémantique joue un rôle dans les erreurs. Mais c'est dans le fonctionnement des modalités, donc à l'intérieur même du syntagme ou constituant immédiat de l'énoncé, qu'on relève l'un des traits les plus caractéristiques : le manque de l'article. On retrouve le même phénomène pour les modalités qui déterminent le verbe. On se trouve bien en présence d'une « économie » dans la détermination grammaticale des éléments conservés. Mais généralement cette économie n'affecte pas la « combinaison » jakobsonienne de l'énoncé; elle ne touche que la détermination de certains éléments primaires de l'énoncé.

Ainsi donc, l'agrammatisme n'est pas réductible à un schéma linguistique simple. On ne peut pas dire, comme DUBOIS, que « le processus déficitaire est celui de la combinaison des constituants immédiats du syntagme », c'est-à-dire la perte des modalités intrasyntagmatiques; en effet, les troubles des relatifs, la pauvreté en conjonctions de subordination, les manques des prépositions montrent qu'il s'agit aussi d'une atteinte des fonctions d'expansions du prédicat, même si celles-ci restent nombreuses; ni que « la réalisation s'arrête au niveau du syntagme [phrase structure] »; ni que « le trait caractéristique (de l'agrammatique) est l'extrême difficulté d'intégrer dans le pattern de la phrase minimale les morphèmes, [rappelons que DUBOIS donne à morphème le sens général de signes que nous réservons à monème], qu'il a actualisés sans erreur articulatoire », puisque les perturbations les plus fréquentes semblent être celles des modalités, perturbations qui n'affectent pas le « pattern de la phrase minimale ».

C. HYPOTHÈSES PHYSIOPATHOLOGIQUES INCOMPATIBLES AVEC CETTE DESCRIPTION

Cette description générale permet déjà d'écarter quelques-unes des hypothèses physiopathogéniques, que nous avons rappelées dans le chapitre II.

S'il en était besoin, elle confirme qu'une perturbation spatio-temporelle générale extra-verbale ne peut être retenue comme base de l'agrammatisme. Tout phénomène se déroulant dans le temps et l'espace, cette hypothèse n'avait d'intérêt que si l'observation des malades révélait d'autres manifestations, en particulier non verbales de leurs difficultés de « synthèse simultanée spatio-temporelle ». Nos dossiers cliniques, pas plus que ceux des auteurs classiques, ne mettent en évidence de tels faits. Ils ne semblent exister ni au niveau de la programmation du geste, ni dans le déroulement et l'organisation de la pensée. En particulier, les agrammatiques n'ont pas de difficultés plus marquées, et même souvent moins de difficultés que les autres aphasiques pour sérier les histoires sans paroles du test Wechsler. Et même s'il n'est pas réductible à un schéma linguistique simple, l'agrammatisme est cependant constitué de perturbations trop spécifiquement « grammaticales » pour ne pas ressortir à des faits de langue au sens de SAUSSURE.

Nous avons déjà relevé, que la disponibilité du lexique est telle chez l'agrammatique, que s'en trouve réfutée l'hypothèse classique de la détresse verbale qui entraînerait des conduites d'épargne et qui a retrouvé des partisans sous la formulation d'une augmentation du coût d'encodage. Comme WEPMAN et coll. l'ont bien vu, l'agrammatisme se situe à l'opposé de l'aphasie nominale, dont ils ont tenté de faire l'étude du point de vue de la fréquence des monèmes, donc du coût d'encodage. Dans l'aphasie nominale, ce sont bien les lexèmes les plus rares qui font surtout défaut, les substantifs et les verbes, quoique pour ces derniers dans une moindre mesure. Au contraire, les « descriptive modifiers », que sont les adjectifs et les adverbes, sont extrêmement fréquents, de même que les morphèmes. Si l'on veut garder au concept de coût d'encodage une définition rigoureuse en accord avec la théorie de l'information, force est de constater que prédominent chez l'agrammatique les monèmes dont le coût d'encodage est élevé. A l'inverse de ce que l'on observe dans l'aphasie nominale, ce sont les termes porteurs de beaucoup d'information, les substantifs, qui sont les plus fréquents chez l'agrammatique, puis viennent les verbes. Les adjectifs épithètes, et les morphèmes porteurs de peu d'information parce que statistiquement fréquents dans le langage normal, sont au contraire les plus déficients. On ne pourrait retenir l'hypothèse de la détresse verbale qu'en admettant qu'elle porte sur l'expansion de l'énoncé, donc sur la syntaxe. Qui ne reconnaîtrait là le cercle vicieux d'une pétition de principe?

L'hypothèse de Jakobson d'une atteinte des fonctions de contiguïté ou de contraste apparaît comme un modèle trop puissant au sens où l'entendent les cybernéticiens. Sur l'ensemble des productions agrammatiques, l'énoncé monorhématique est l'exception et comme nous l'avons déjà indiqué, la réduction à l'énoncé nominal est également rare. Toutefois, cette tendance existe bien chez un certain nombre d'agrammatiques.

L'hypothèse qui voudrait réduire l'agrammatisme à une perte du pouvoir de dominer les autocorrélations du langage au niveau de la première articulation, donc la redondance, n'est pas satisfaisante non plus. Certes les accords sont touchés, mais les modalités marquant l'accord le sont beaucoup moins que les marques verbales, qui ne sont pas que redondance. De plus, les troubles syntaxiques proprement dits sont nombreux et ils ne sont manifestement pas secondaires à un défaut de manipulation de la redondance.

D. Unicité et spécificité du syndrome agrammatique

On ne saurait s'étonner que les hypothèses précédentes, très générales, se révèlent insuffisantes, puisque, comme nous l'avons déjà dit, l'agrammatisme n'est pas réductible à l'atteinte d'une fonction linguistique simple. Du même coup, c'est résoudre la deuxième question du programme de R. Brain : l'agrammatisme ne répond pas à un désordre linguistique pur, mais bien à un mélange. Faut-il pour autant conclure, comme Goodglass, à la non-spécificité du syndrome? Si nous le comprenons bien, cet auteur, dans ses derniers travaux, semble admettre que la forme que prennent les troubles de la grammaire dans l'aphasie n'est liée à aucune perturbation spécifique. Elle découlerait tout directement de l'existence d'une hiérarchie universelle des difficultés de la grammaire. Ainsi, en anglais, le 's possessif et le s de la 3e personne sont nettement plus difficiles que le s du pluriel. Nous retrouvons beaucoup de faits qui semblent confirmer cette conception; la coordination, fonction facile, est très utilisée par l'agrammatique, la subordination par des prépositions introduisant des expansions secondaires de l'énoncé n'apparaît presque pas, comme d'ailleurs les expansions secondaires prépositionnelles. Parmi les morphèmes, ceux dont l'emploi est le plus difficile, en particulier parce qu'ils ont une fonction de substitut (pronoms relatifs, pronoms en général, adjectifs possessifs, etc.) sont les plus touchés. Pour les déterminants grammaticaux, les marques des verbes, qui ont une fonction plus complexe que les autres, sont les plus atteintes. Et en gros, cette hiérarchie s'observe dans nos deux populations, qu'il s'agisse d'agrammatiques ou d'aphasiques de Wernicke. Mais il existe aussi des exceptions retentissantes à cette règle. Si l'agrammatique utilise beaucoup d'articles, modalité de fonction simple, ces derniers font également très fréquemment défaut dans ses énoncés. A l'appui de la thèse de Goodglass, s'inscrit également le fait non négligeable que, dans l'ensemble, l'ordre hiérarchique des difficultés rencontrées par nos deux populations est le même. Nous avons déjà vu que, pour les items du protocole, à l'exception des épreuves de production de phrases, la corrélation entre les résultats est significative, quoique assez lâche : le coefficient de rang est de $0,59\ P < 0,05$. Pour les parties du discours conservées dans la production de phrases des items 5 a b c et 5 d, la corrélation est très étroite, respectivement $R = 0,91$ et $0,97$. Par contre, et c'est la confirmation de ce que nous affirmons, la spécificité de l'agrammatisme tient plus aux manques qu'aux conservations, la corrélation entre les erreurs et les manques dans les résultats de nos populations, pour être significative, n'en est pas moins nettement moins rigide : $R = 0,62$, $R = 0,78$.

De toute façon, il convient de se demander si l'existence d'une hiérarchie universelle des difficultés de grammaire, qui commande la hiérarchie des réussites de nos malades, et à un moindre degré leurs fautes, permet de mettre en doute l'existence du syndrome agrammatique comme forme clinique de l'aphasie, ainsi que les mécanismes pathologiques spécifiques dont il résulterait. Nous ne le pensons pas. Il existe aussi une hiérarchie universelle des difficultés d'articulation qui conditionnent la forme du syndrome de désintégration phonétique décrit par Alajouanine, Ombredane et Durand. Et qui plus est, les traits distinctifs de ce syndrome sont, en gros, superposables à la phonétique du jeune enfant, comme à celle des enfants plus âgés qui présentent, pour des raisons nullement univoques, un retard de parole. Non seulement ces faits ne conduisent pas à mettre en doute la spécificité du syndrome, mais moins encore celle du trouble arthrique, dont sont atteints les adultes porteurs d'une lésion circonscrite de l'hémisphère majeur. Des constatations semblables sont la règle dans la pathologie des activités cognitives. Quelle qu'en soit l'étiologie, lésions circonscrites, lésions diffuses, nous retrouvons dans la désintégration de ces fonctions, les stades génétiques décrits par Piaget au cours de leur ontogenèse. Cette convergence phénoménologique au niveau de la sémiologie n'implique nullement une unicité des mécanismes pathologiques qui sont en cause, bien au contraire. De même la hiérarchie, en gros, identique de difficultés que rencontrent l'agrammatique et l'aphasique de Wernicke lorsqu'ils manient la syntaxe, ne signifie pas qu'elles sont produites par les mêmes mécanismes. La sémiologie d'un déficit est toujours conditionnée par la structure de la fonction, dont il compromet la réalisation et, plus encore, par l'emboîtement hiérarchique successif des stades ou niveaux d'équilibre qui caractérisent son développement. Il n'y a aucune raison pour que le syndrome agrammatique fasse exception à cette règle. Qu'il la suive, ne permet absolument pas de récuser sa spécificité, pas plus que celle des mécanismes physiopathologiques qui le déterminent. Comme il n'y a que quelques façons de représenter de manière erronée le niveau horizontal d'un liquide dans un bocal qui change de position, de même il n'y a que quelques façons d'être agrammatique.

L'unicité du syndrome, ce qui encore une fois ne suppose pas qu'il soit produit par un mécanisme pathologique univoque, est attestée par la surprenante corrélation qui existe entre les différents éléments qui le composent. Les résultats les plus fréquemment et les plus étroitement en corrélation avec ceux des autres items chez l'ensemble des agrammatiques sont ceux de l'item 7 b, identification de la fonction de néologismes (ex. Voilà un chat qui abache quelque chose, etc.). Ces corrélations, avec les réserves du point de vue de la statistique faite dans l'introduction, sont résumées dans le Tableau IV. On voit donc que sur 47 coefficients de régressions déterminées chez les agrammatiques, 26, donc plus de la moitié, sont au moins de 0,50, alors que pour les aphasies de Wernicke, ce nombre ne dépasse pas 14, donc le tiers. Cette différence est significative (X^2 $p < 0,05$). Si l'on détermine le nombre d'items qui sont en meilleure corrélation avec l'identification de la fonction des néologismes dans l'agrammatisme que dans l'aphasie de Wernicke, la différence s'accentue encore : 17 en meilleure corrélation, 6 en corrélation pratiquement égale, 3 seulement en moins bonne corrélation. Si l'on réunit d'un côté corrélations plus faibles ou égales et de l'autre corrélations plus fortes, la distribution hypergéométrique donne une différence significative à p 0,002. Dans les deux populations, on voit que l'identification des néologismes est en meilleure corrélation avec les performances dirigées (correction de fautes, remplir des manques, construire des phrases avec modèles et lexèmes donnés, etc.) qu'avec la production libre d'énoncés (construction de phrases à partir d'un substantif ou d'un verbe donnés). Cela n'a rien en soi d'étonnant, puisque dans le contexte d'items dirigés, le nombre de variables non identifiées est probablement plus petit que dans la production libre. Si l'on tente de diviser ces résultats en 3 groupes, ceux qui témoignent très probablement de la fonction de détermination grammaticale, au sens de MARTINET (ex. articles, marques morphologiques), ceux qui témoignent de la fonction syntaxique proprement dite (ex. monèmes

TABLEAU IV

Corrélation des résultats de l'item 7 b (identification de la fonction de néologismes) avec ceux des autres items du protocole pour l'Agrammatisme et l'Aphasie de Wernicke.

	Aphasie de Wernicke			Ensemble des Agrammatiques		
0,9						
	Déterminants protocole	5d 8b	0,86			
				Détermin. protocole	5d 8b	0,85
	Phrases correctes	5 abc	0,82	Verbes trous protoc.	5 d	0,82
0,8						
	Marques protocole	6 abc	0,77			
	Monèmes fonction.	5 d	0,76	Contraires lexicaux	3 a	0,76
				Marques sur néolog.	7 c	0,75
				Monèmes fonction.	5 d	0,74
				Phrases correctes	5 d	0,73
				Verbes conj. corrects	5 d	0,72
	Prépositions	5 d	0,71	Dérivés par substit.	3 b	0,71
	Phrases incorrectes	5 d	−0,70	Phrases incorrectes	5 d	−0,70
				Articles manquants	5 abc	−0,70
0,7						
	Phrases correctes	5 d	0,69			
				Monèmes aut. protoc.	5d 8b	0,68
				Monèmes fonction.	5d 8b	0,67
				Marques protocole	6 abc	0,67
				Mon. fonct. manq.	5d 8b	−0,67
	Verbes trous protoc.	5 d	0,65	Prépositions correctes	5 d	0,66
	Mon. fonct. protoc.	5d 8b	0,64	Contr. morpholog.	3 a	0,65
	Phrases incorrectes	5 abc	−0,64	Pronoms rel. + conj. subordination	5 d	0,65
	Amalgames	5 d	0,63			
				Pronoms rel. + conj.sub.manquants	5 d	−0,62
				Amalgames	5 abc	0,61
0,6						
				Déterminants manq.	5 d	−0,59
				Articles manquants	5 d	−0,58
	Pronoms rel. + conj. subordination	5 d	0,54	Phrases correctes	5 abc	0,54
	Contraires morpholog.	3 a	0,54	Amalgames	5 d	0,54
	Contraires lexicaux	3 a	0,52	Articles corrects	5 d	0,52
				Dérivés par régres.	3 b	0,52
				Articles corrects	5 abc	0,50
0,5						
	Total des corrélat. > 0,50	12	2		20	6
			14			26

fonctionnels), ceux qui nécessitent la mise en jeu de ces deux fonctions (phrases correctes, amalgames), la proportion des corrélations avec l'identification de la fonction des néologismes est assez différentes dans les deux populations.

	Détermination grammaticale	Syntaxe proprement dite	Double fonction
Wernicke	3	4	6
Agrammatiques	11	7	7

Les items de détermination grammaticale sont nettement plus fréquemment en corrélation avec l'identification de la fonction des néologismes chez les agrammatiques. Au total, cette recherche des corrélations montre qu'elles sont nettement plus nombreuses et plus étroites, et cela significativement, dans l'agrammatisme que dans l'aphasie de Wernicke. Sans remettre en cause la notion de hiérarchie universelle des difficultés de la grammaire, cette différence signifie cependant que pour exister elle ne détermine pas des comportements rigoureusement identiques dans nos deux populations. L'aphasique de Wernicke n'a pas seulement moins de difficultés que l'agrammatique pour dominer la grammaire. Ce dernier a d'autres difficultés et qui sont plus étroitement corrélées entre elles. C'est bien la confirmation par d'autres voies de la notion clinique très prégnante d'unicité et de spécificité du syndrome agrammatique.

E. AGRAMMATISME ET SYNTAXE DE L'ENFANT

Si une des dimensions, et peut-être la principale, du syndrome est déterminée par la structure de la grammaire et ses différents niveaux de complexité, on doit attendre que l'agrammatisme reproduise un certain nombre de caractéristiques de la syntaxe enfantine. Notre propos n'est pas de faire ici un résumé de l'acquisition de la syntaxe par l'enfant. Quand nous le voudrions, nous n'en aurions pas la compétence. De plus, malgré les nombreux travaux classiques et récents consacrés à ce sujet, on sait assez que cette étude est loin d'être achevée et qu'elle donne lieu à des controverses nombreuses. Plus simplement, nous voudrions souligner la concordance de certains traits de l'agrammatisme et de la syntaxe de l'enfant. GOODGLASS et BERKO, après d'autres, PICK, ISSERLIN et ALAJOUANINE en particulier, nous ont d'ailleurs précédés dans cette intention. Ils ont bien montré qu'on retrouve en anglais chez l'agrammatique la hiérarchie des difficultés du 's du possessif de la 3e personne et du pluriel, que BERKO avait mis en lumière chez l'enfant. En nous référant à l'article récent de E. ALARCOS LLORACH consacré à l'acquisition du langage chez l'enfant, nous pouvons relever les similitudes suivantes. Si, en dépit des affirmations de JAKOBSON, la réduction de l'énoncé agrammatique au signe-phrase, dont use tout au début l'enfant, est extrêmement rare, la construction appositive, selon ALARCOS LLORACH, où juxtaposition de signes-phrases s'y retrouve avec une certaine fréquence, il est vrai faible. Plus intéressante est la constatation suivante : « En réalité, ce n'est pas la différence entre nom et verbe, etc., que l'enfant acquiert d'abord. A partir du schéma primitif d'apposition, où la relation entre deux signes est équivalente ou réciproque, l'enfant développe un autre schème, marqué par le contraste et qu'il réalise en distinguant les deux directions où peut se produire la détermination d'un signe par l'autre. De cette manière, un schème de « subordination » apparaît, dans lequel un des signes est nucléaire et l'autre adjacent ou contigu ». Or, nous avons vu que chez l'agrammatique où le prédicat, qu'il soit verbal ou nominal, est conservé dans le 9/10 des cas, l'actualisateur fait plus souvent défaut, (20 % des cas) que les expansions primaires, qui sont à peine diminuées. Mais à ce stade du développement, ce n'est pas tant l'ordre des mots, qui permet la distinction entre le signe nucléaire et l'adjacent, que l'intonation. Bien que les troubles de l'ordre des mots soient rares dans l'agrammatisme, on ne peut qu'être frappé par la similitude d'expression relevée par ALARCOS LLORACH chez l'enfant. [Kasé titur // néne] « l'enfant a cassé le petit ours » s'opposant à /kasé//titur] « l'ours est cassé » et celle d'énoncé d'agrammatique comme : tartine de pain coupée. Il conviendra aussi de se souvenir de cette importance de l'intonation chez l'enfant, quand nous envisagerons le rôle éventuel de la dysprosodie dans le déterminisme de certaines formes d'agrammatisme. Dans l'acquisition des morphèmes, les premiers en date semblent être les articles et « les distinctions qui se rapportent aux phénomènes d'accords... tels que le genre et le nombre ». Presque en même temps, « l'enfant acquiert la préposition en tant qu'expédient grammatical ». Or, chez l'agrammatique, les articles sont de toutes les modalités, les plus fréquentes, encore qu'ils manquent souvent, et les marques de genre et de nombre sont bien moins perturbées que celles du verbe. Les prépositions sont les fonctionnels qui tiennent le mieux, bien que significativement atteints. Chez l'enfant, « le secteur où l'on puisse le mieux observer la complexité progressive des distinctions grammaticales est sans doute celui de la conjugaison verbale... ». Apparaissent d'abord l'infinitif, l'impératif et le présent de l'indicatif. Ce sont sans conteste les formes les mieux conservées chez l'agrammatique au point que les deux premières apparaissent en surnombre. Presque en même temps, et peut-être par effet de l'homophonie fréquente en français, l'enfant use du passé composé, viennent ensuite l'imparfait, puis le futur. Les modes ne sont acquis souvent qu'à l'âge scolaire. Nous l'avons vu, la fréquence des marques des formes verbales chez l'agrammatique suit exactement le même ordre, mais à l'envers. Pas de subjonctif, ni de conditionnel, très peu de futur, davantage d'imparfait, beaucoup de participes passés et d'impératifs.

Ces quelques similitudes entre syntaxe de l'enfant et agrammatisme suffisent à montrer leur analogie. En la relevant, nous ne visons nullement à prouver l'identité des deux phénomènes; pas plus que la similitude des désordres arthriques de l'aphasie de Broca avec la phonétique infantile ne prouve leur identité. Mais une fois de plus, nous constatons que le déficit d'une activité, sous l'influence d'une lésion cérébrale produit un syndrome qui trouve une partie de sa forme dans la structure même de cette activité et qui reproduit partiellement les stades de son ontogenèse. A ce titre, comme les troubles arthriques de l'aphasie méritaient d'être qualifiés de syndrome de désintégration phonétique, il est loisible de qualifier l'agrammatisme de syndrome de désintégration de la grammaire. Comme toute l'argumentation précédente tend à le prouver, c'est à la fois affirmer sa spécificité tout en ménageant la possibilité qu'il ne représente que la convergence phénoménologique, sur le plan de sa sémiologie et de sa structure, de processus physiopathologiques très différents les uns des autres.

CHAPITRE VI

Les différents aspects cliniques de l'agrammatisme

A. EXISTE-T-IL DES ASPECTS CLINIQUES DIFFÉRENTS DE L'AGRAMMATISME ?

L'agrammatisme peut être qualifié de « syndrome de désintégration de la grammaire ». Peut-on en rester là ? Certes non. Dès la lecture du dépouillement de notre protocole nous avons été frappés par deux dichotomies.

1) Cette population, jugée homogène par des équipes cliniques qualifiées, se divise en deux groupes très nets, à travers l'item 5 d où le sujet doit produire d'après un modèle des phrases dont tous les lexèmes sont donnés. Les uns produisent 15, ou plus de 15 phrases syntaxiquement justes sur 20, les autres, à une exception intermédiaire près, 6 ou moins de 6. D'un côté nous avons, tout au moins pour ce qui est de produire des énoncés, des agrammatismes bénins, de l'autre des agrammatismes graves.

2) Parmi ces derniers, les uns ont un résultat très mauvais à l'item (3 a) de production de contraires morphologiques, d'autres à l'inverse produisent ces contraires en opposition partiellement motivée (connu/inconnu), aussi facilement que les aphasiques de Wernicke et presque aussi aisément que les contraires en opposition lexicale isolée (vrai/faux). En admettant avec beaucoup d'auteurs, à commencer par SAUSSURE, que l'affixation par son caractère de transformation proportionnelle s'apparente aux procédés qui permettent de dominer la morphologie proprement dite, nous pouvions supposer que nous étions en face de 3 formes d'agrammatisme

— Agrammatisme grave avec gros troubles morphologiques
— Agrammatisme grave sans gros trouble morphologique
— Agrammatisme bénin.

TABLEAU V

Résultats comparés exprimés en % de réussites (moyennes) des 3 groupes d'agrammatiques.

	Agramm. graves avec gros troubles morphologiques (6)	Agramm. graves sans gros trouble morphologique (5)	Agrammatisme avec dysprosodie (6)	Aphasie de Wernicke (17)
3 a Contraires lexicaux (faux/juste)	82,8 ± 14,9	88,4 ± 13,1 ● 0,97 ◆ 0,9	88,7 ± 8,1 ■ 0,97	86,8 ± 10,6
Contraires morpholog. (connu/inconnu)	53,8 ± 19,9 ■ 0,005 ● 0,001 ◆ 0,01	90,6 ± 10,5 | 0,005	93,5 ± 5,2 | 0,05 ◆ 0,1	79,2 ± 16,9
3 b Dérivés par substit. (boulanger/boulangerie)	58,7 ± 32,6 ■ 0,9 ● 0,05 ◆ 0,05	64,0 ± 38,2 ◆ 0,1	93,2 ± 10,2 | 0,05	88,0 ± 23,6
Dérivés par addition (maire/mairie)	66,7 ± 25,8 ◆ 0,1	90,0 ± 22,4 ● 1,0 ◆ 0,9	90,0 ± 22,4 ◆ 0,9	88,2 ± 28,1
Dérivés par régression (postier/poste)	63,8 ± 29,2 ◆ 0,05	82,0 ± 20,5	89,8 ± 15,2 ◆ 0,9	88,2 ± 22,8
Dérivés lexicaux (pilote/avion)	86,2 ± 19,9 ◆ 0,9	82,0 ± 13,2	93,0 ± 10,3	84,9 ± 19,2
6 a Marques morpholog. bc à trouver, à corriger, au choix	63,2 ± 20,4 ● 0,1 ◆ 0,05	80,2 ± 9,3 ◆ 0,99	81,8 ± 6,6 | 0,1 ◆ 0,9	80,3 ± 14,9
7 c Marques morpholog. sur néologismes	47,3 ± 16,7 ◆ 0,005	57,6 ± 16,6 ◆ 0,05	62,7 ± 16,9	71,5 ± 11,9

DIFFÉRENTS ASPECTS CLINIQUES 75

7 b Fonction de néolog.	49,5 ± 26,2	● 0,05 ♦ 0,02	61,0 ± 13,4	♦ 0,1	77,5 ± 16,4	|0,05 ♦0,95	76,8 ± 16,7
4 a Dénomin. paradigme demeure	91,7 ± 9,1	■ 0,9 ♦ 0,98	93,4 ± 14,8	|0,9	97,2 ± 6,9		91,3 ± 15,8
4 b Dénomination collect. couvert	100,0 ± 0	■ 0,025	96,6 ± 7,6		100,0 ± 0	|1,0	99,0 ± 4,2
5 a Dénomin. substantifs	100,0 ± 0	■ 0,05	94,0 ± 5,5	● 0,025	100,0 ± 0		97,7 ± 4,4
Dénomination verbes	81,7 ± 22,3		96,0 ± 8,9		96,7 ± 8,2	■ 0,9	90,0 ± 17,9
5 d Substantifs phrases à trous	100,0 ± 0	♦ 0,1	62,5 ± 35,7	● 0,2	93,2 ± 15,2	■ 0,2	83,0 ± 19,6
Verbes phrases à trous	55,5 ± 36,0	● 0,1 ♦ 0,1	49,0 ± 20,4	● 0,01 ♦ 0,02	89,8 ± 9,6	|0,1 ♦0,98	91,5 ± 9,8
5 d Monèmes fonctionnels 8 b phrases à trous	81,7 ± 13,4	■ 0,9 ♦ 0,05	80,6 ± 3,0	♦ 0,05	84,5 ± 4,4	♦ 0,05	90,2 ± 6,1
Modalités phrases à trous	54,3 ± 25,8	■ 0,8 ♦ 0,025	58,4 ± 14,0	● 0,02 ♦ 0,05	80,0 ± 8,0	|0,05 ■0,02	77,0 ± 17,1
Monèmes autonomes phrases à trous	76,7 ± 13,7	♦ 0,95 0,05	78,0 ± 21,7		91,7 ± 7,5	|0,05	84,7 ± 14,2
7 a Association paradig.	15,0 ± 22,4		43,8 ± 29,5		22,6 ± 33,6		26,8 ± 18,5

Nous verrons ultérieurement comment nous avons été amenés par l'analyse intuitive du discours spontané de ces malades à constater que :

a) les 8 sujets entrant dans le 3ᵉ groupe (agrammatisme bénin) sont tous, sauf deux, atteints d'une importante dysprosodie.

b) que la structure des énoncés des sujets des groupes 1 (avec gros troubles morphologiques) et 2 (sans gros trouble morphologique) est très différente.

Donc, à deux exceptions près d'agrammatisme bénin, l'analyse clinique a posteriori a confirmé le bien-fondé de cette trichotomie établie sur quelques critères numériques qui s'imposaient d'abord à l'attention.

Les résultats de ces trois groupes pour l'ensemble du protocole et pour les items 5 a b c et 5 d sont résumés dans les tableaux V, VI et VII. Notons que l'on n'a plus tenu compte dans ces tableaux des deux patients atteints d'agrammatisme bénin, inclassable dans nos trois catégories.

Du tableau V ressort un certain nombre de constatations : cette trichotomie rend, malgré le petit nombre de cas de chaque groupe, les différences avec l'aphasie de Wernicke beaucoup plus significatives pour les deux premiers groupes. Chez les agrammatiques avec gros troubles morphologiques, 8 des paramètres retenus sont significatifs et 3 à la limite de la signification. En fait, restent non significatifs les 7 paramètres qui avaient été choisis comme tels dans l'hypothèse de départ. Pour les agrammatiques sans gros trouble morphologique, 4 paramètres sont significatifs et 2 à la limite par rapport à l'aphasie de Wernicke. Par contre, les agrammatiques dysprosodiques, pour les résultats consignés dans ce tableau V, ne se différencient significativement des aphasies de Wernicke que par 1 paramètre.

Les différences entre les agrammatiques avec gros troubles morphologiques et sans gros trouble morphologique sont peu nombreuses, mais très nettes en dépit du petit nombre de sujets. Elles portent sur les contraires morphologiques, très atteints chez les premiers, bien conservés chez les deuxièmes, sur les substantifs à produire dans les phrases à trous, bien conservés chez les premiers, très atteints chez les seconds. Ces différences se comprennent aisément. La première a servi de base à la dichotomie, on ne saurait s'étonner qu'elle soit significative. La deuxième est très révélatrice. Trouver un substantif dans une phrase à trous ne pose pratiquement pas de problème morphologique en français. Par contre, on ne saurait y parvenir sans avoir saisi la structure syntaxique de l'énoncé. La différence significative qui porte sur la dénomination des substantifs d'après des images est plus curieuse. Elle devient peut-être compréhensible, si on la rapproche de la tendance inverse, mais non significative, existant pour la dénomination des verbes d'après images d'action ou actions mimées. En effet, les agrammatiques sans gros trouble morphologique obtiennent aux deux épreuves des scores égaux, 94 % et 96 %. Au contraire, les agrammatiques avec gros troubles morphologiques réussissent parfaitement la dénomination des substantifs, 100 %, et nettement moins bien celle des verbes, 82 % $p < 0,1$. Est-ce le fait d'être habituellement déterminé par une marque morphologique qui rend l'évocation du verbe, en dehors de tout énoncé exprimé, plus difficile pour l'agrammatique avec gros troubles morphologiques?

Pour n'être pas significatives, les différences aux items des dérivés morphologiques, des marques morphologiques n'en sont pas moins importantes et probablement instructives. Il en va de même pour certaines absences de différences : les verbes dans les phrases à trous, les monèmes fonctionnels et les modalités qui, rappelons-le, dans ce dépouillement, comprennent non seulement les articles, mais aussi les possessifs et les pronoms personnels.

Le tableau VI montre, qu'aussi dans les items de production de phrases à partir d'un lexème donné (items 5 a b c), la trichotomie des agrammatiques, malgré le petit nombre de cas, ne diminue pas la significativité des différences d'avec l'aphasie de Wernicke, sauf, bien sûr, pour les agrammatismes bénins avec dysprosodie. Les différences significatives entre agrammatiques avec gros troubles morphologiques et sans gros trouble morphologique sont à nouveau peu nombreuses, mais très instructives. Les deuxièmes sont seuls à présenter des *perturbations de l'ordre des mots*, ils emploient beaucoup plus d'articles, plus même que les aphasiques de Wernicke, et les manques d'articles pour exister, sont chez eux moins nombreux que chez les agrammatiques avec gros troubles morphologiques, alors que les fautes d'accords des articles sont plus nombreuses. Pour ce qui est des différences à la limite de la signification, les agrammatiques sans gros trouble morphologique ont plus d'expansions banales, mais moins d'expansions négatives; les prépositions, comme les amalgames, font plus souvent défaut chez eux, bien qu'ils en emploient davantage. De petites différences, quoique non significatives, existent pour les formes conjuguées des verbes. Elles sont encore plus rares et les formes non conjuguées plus fréquentes chez les agrammatiques sans gros trouble morphologique. Les agrammatiques bénins avec dysprosodie produisent autant de phrases correctes que les aphasiques de Wernicke, mais y ajoutent un nombre impressionnant de phrases incorrectes qui représentent souvent des patterns d'hésitation auto-corrigés. Ils accusent une pléthore d'articles, bien que les manques existent aussi chez eux.

TABLEAU VI

Items 5 abc. Production de phrases à partir d'un substantif ou d'un verbe donné. Résultats comparatifs en chiffres absolus : Agrammatiques, avec gros troubles morphologiques (6), sans gros troubles morphologiques (5), avec dysprosodie (6), Aphasie de Wernicke (20).

Items 5 abc	Agramm. graves avec gros troubles morphologiques (6)		Agramm. graves sans gros troubles morphologiques (5) ■		Agrammatismes dysprosodiques (6) ●		Aphasie de Wernicke (20) ◆
Phrases correctes	10,7 ± 8,8	● 0,1 ◆ 0,01	5,4 ± 3,9	● 0,001 ◆ 0,001	18,5 ± 1,9	◆ 0,95	18,7 ± 4,6
Phrases incorrectes	14,8 ± 7,8	◆ 0,005	16,4 ± 5,4	◆ 0,005	13,5 ± 13,8	◆ 0,05	3,5 ± 7,4
Ordre perturbé	0,2 ± 0,4	■ 0,005	2,6 ± 1,8	—0,005 ● 0,05 ◆ 0,001	0,5 ± 0,8	■ 0,05	0,3 ± 1,0
Prédicats	20,7 ± 2,3	● 0,1	20,2 ± 1,8	● 0,1	30,6 ± 11,6 —0,1		22,3
Pronoms sujets corrects	10,0 ± 6,4		5,2 ± 4,4	● 0,02 ◆ 0,01	12,3 ± 3,7	■ 0,02 ◆ 0,1	11,2 ± 4,2
Pronoms sujets manquants	0,7 ± 1,2	◆ 0,02	0,6 ± 1,3	◆ 0,05	0,2 ± 0,4	◆ 0,1	0
Pronoms non sujets	0,7 ± 1,2	◆ 0,025	0,8 ± 1,3	● 0,2 ◆ 0,05	0	■ 0,2 ◆ 0,005	2,9 ± 2,1
Expansions	13,0 ± 5,9	■ 0,2 ◆ 0,2	23,1 ± 12,7 —0,2		18,0 ± 9,6		19,8 ± 11,2
Formes passives	0,2 ± 0,4	◆ 0,1	0,4 ± 0,9		0,2 ± 0,5	◆ 0,1	1,3 ± 1,5
Verbes pronominaux	0,3 ± 0,8	◆ 0,05	0,6 ± 0,9	◆ 0,1	1,2 ± 2,0		1,9 ± 1,6
Négation mots-phrases	1,7 ± 2,4	◆ 0,2	0,8 ± 1,1	◆ 0,2	1,2 ± 1,2		0,7 ± 1,0
Négation expansions	1,8 ± 1,6	■ 0,2	0,4 ± 0,9	—0,2	0,7 ± 0,9	—0,2 ◆ 0,2	1,6 ± 1,6
Verbes conjugués corrects	19,8 ± 11,0	◆ 0,2	15,0 ± 7,6	● 0,1 ◆ 0,001	23,6 ± 6,6	■ 0,1	23,7 ± 3,1

DIFFÉRENTS ASPECTS CLINIQUES

	Groupe 1	sig.	Groupe 2	sig.	Groupe 3	sig.	Groupe 4
Verbes non conjugués	5,7 ± 7,1	◆ 0,005	11,2 ± 11,5		3,3 ± 6,7		0,6 ± 1,2
Participes présents	0		0,4 ± 0,9		0		0,3 ± 1,2
Participes passés	1,8 ± 4,0		1,4 ± 2,6	◆ 0,2	3,2 ± 5,9		3,3 ± 2,7
Imparfaits	0,2 ± 0,4		0,4 ± 0,5		0,2 ± 0,4		0,3 ± 0,8
Passés composés	1,8 ± 4,0		0,6 ± 0,9	◆ 0,2	2,8 ± 6,0		2,1 ± 2,2
Futurs	0		0		0,2 ± 0,4		0,4 ± 1,4
Conditionnels	0		0		0		0,2 ± 0,6
Subjonctifs	0		0		0		0,2 ± 0,4
Impératifs	1,7 ± 3,2	◆ 0,025	0		0,2 ± 0,4		0,1 ± 0,2
Auxiliaires	0,5 ± 0,8		1,6 ± 3,0		0,7 ± 0,8		1,5 ± 1,7
Articles corrects	18,5 ± 4,9	■ 0,02 ● 0,05 ◆ 0,2	34,2 ± 10,8	— 0,02 ◆ 0,02	32,5 ± 14,0	— 0,05 ◆ 0,05	23,1 ± 7,5
Articles manquants	13,9 ± 12,3	◆ 0,2 ◆ 0,001	6,4 ± 5,5	◆ 0,001	4,2 ± 8,8	◆ 0,1	0,4 ± 1,4
Amalgames corrects	1,5 ± 1,5	◆ 0,025 ◆ 0,2	2,8 ± 2,6		3,7 ± 1,3	— 0,025	3,4 ± 2,8
Amalgames manquants	0	■ 0,2	0,6 ± 0,9	— 0,2 ◆ 0,005	0	◆ 0,2	0
Possessifs corrects	1,3 ± 1,5	◆ 0,2 ● 0,1	2,0 ± 3,1	◆ 0,02	4,7 ± 5,4		6,1 ± 6,5
Possessifs manquants	0,3 ± 0,5	◆ 0,2 ● 0,05	0,4 ± 0,5	● 0,1 ◆ 0,005	0	— 0,2	0
Démonstratifs corrects	7,0 ± 12,1	◆ 0,1	1,0 ± 1,2		2,0 ± 4,9		1,8 ± 2,9
Démonstratifs manquants	0	◆ 0,2	0,4 ± 0,9		0,9 ± 1,2		1,5 ± 8,8

Items 5 a bc	Agramm. graves avec gros troubles morphologiques (6)	Agramm. graves sans gros troubles morphologiques (5)	Agrammatismes dysprosodiques (6)	Aphasie de Wernicke (20)
Total modalités corrects	28,3 ± 15,2 • 0,2	40,0 ± 14,4	42,8 ± 13,8 — 0,2 ♦ 0,1	34,3 ± 8,9
Total modal. manquantes	14,2 ± 12,4 • 0,2 ♦ 0,001	7,8 ± 5,8 ♦ 0,005	5,0 ± 8,4 — 0,2 ♦ 0,2	1,2 ± 2,9
Conjonctions coordination	2,7 ± 3,2	3,6 ± 2,9	4,2 ± 8,3	2,1 ± 3,7
Conjonctions subordin.	0,8 ± 1,4	0,8 ± 1,3	1,7 ± 2,7	1,1 ± 1,7
Pronoms relatifs	0 ♦ 0,2	0,2 ± 0,4 ♦ 0,2	0,2 ± 0,4 ♦ 0,2	1,3 ± 1,9
Prépositions correctes	9,5 ± 6,3 ♦ 0,2	13,8 ± 10,8	15,3 ± 8,4	16,7 ± 9,8
Prépositions manquantes	1,5 ± 2,8 ■ 0,1 ♦ 0,05	5,0 ± 3,5 — 0,1 • 0,05	0 ■ 0,05	0,1 ± 0,5
Total rel. + conj. sub. corr.	0,8 ± 1,3	1,0 ± 1,7	1,8 ± 2,7	2,3 ± 2,6
Tot. rel. + conj. sub. manq.	0 ■ 0,1	0,4 ± 0,5 — 0,1 • 0,1	0 ■ 0,1	0,1 ± 0,2
Tot. monèmes fonct. corr.	10,3 ± 6,2 ♦ 0,1	14,8 ± 11,9	18,8 ± 8,6	19,2 ± 10,9
Tot. monèmes fonct. manq.	1,5 ± 2,8 ■ 0,1 ♦ 0,05	5,4 ± 3,3 — 0,1 • 0,001	0 ■ 0,001	0,1 ± 0,5
Accords articles incorrects	0,8 ± 1,0 • 0,2 ♦ 0,02	1,8 ± 1,3 — 0,2 • 0,05 ♦ 0,001	0,3 ± 0,5 ■ 0,05	0,2 ± 0,4
Accords adjectifs incorrects	0,5 ±	1,4 ± 2,2 ♦ 0,05	0,3 ± 0,5	0,2 ± 0,7
Accords verbes incorrects	0,3 ± 0,5	0,2 ± 0,4	0,3 ± 0,5	0,2 ± 0,5
Accords possessifs incorr.	0,2 ± 0,4	0	0,2 ± 0,4	0,1 ± 0,2

TABLEAU VI a

Items 5 a b c. Production de phrases à partir d'un substantif ou d'un verbe donné. Résultats comparatifs (nombres absolus) des aphasiques de Wernicke, répartis en 3 groupes, selon les mêmes procédés que les agrammatiques.

	Groupe I (6). Contr. morphol. 3a ≤ 70%	Groupe II (4). Contr. morphol. 3a > 70% Phrases 5d ≤ 13 ■	Groupe III (10). Contr. morphol. 3a > 70% Phrases 5d > 13●
Phrases correctes	16,8 ± 3,7 ● 0,02	15,5 ± 9,3 ● 0,2	20,4 ± 1,4
Phrases incorrectes	2,8 ± 2,6 ● 0,025	9,3 ± 15,8	0,6 ± 0,7
Ordre perturbé	0 ± 0	0,33 ± 0,58	0,5 ± 1,3
Pron. suj. corrects	13,0 ± 4,7	10,3 ± 6,1	10,5 ± 3,1
Pron. non sujets	1,0 ± 1,3 ■ 0,005 ● 0,025	4,5 ± 1,3	3,3 ± 1,9
Expansions	12,8 ± 4,0 ● 0,05	19,5 ± 12,8	24,1 ± 12,1
Formes passives	0,5 ± 0,6	1,3 ± 1,5	1,7 ± 1,8
Verbes pronomin.	0,7 ± 1,2 ■ 0,1 ● 0,025	2,8 ± 2,2	2,3 ± 1,2
Nég. mots-phrases	1,3 ± 1,0 ■ 0,1 ● 0,05	0,25 ± 0,5	0,3 ± 0,7
Nég. expansions	1,3 ± 1,8 ■ 0,2	3,0 ± 0 ● 0,005	1,2 ± 1,6
V. conj. corrects	23,8 ± 2,9	23,3 ± 2,8	23,7 ± 3,5
V. non conjugués	0,33 ± 0,5	1,5 ± 2,4	0,30 ± 0,7
Passés composés	2,3 ± 3,4	1,0 ± 0,8	2,3 ± 1,7
Articles corrects	23,8 ± 2,9	23,3 ± 2,8	23,7 ± 3,5
Art. manquants	0,17 ± 0,41	1,5 ± 3,0	0,1 ± 0,3
Tot. modal. corr.	33,3 ± 7,1	31,3 ± 12,1	36,1 ± 9,0
Tot. modal. manq.	0,66 ± 1,0	3,5 ± 4,4	2,1 ± 2,9
Conj. subordonn.	0 ± 0	0,8 ± 1,0	1,7 ± 2,1
Pronoms relatifs	0,8 ± 1,0	2,5 ± 4,0	1,0 ± 1,2
Prépos. correctes	14,8 ± 6,5	11,8 ± 4,3	19,8 ± 12,1
Prép. manquantes	0,33 ± 0,8	0 ± 0	0 ± 0
Tot. rel. + conj. sub. corr.	0,8 ± 1,0	3,3 ± 4,0	2,7 ± 2,5
Tot. mon. fonct. corr.	15,8 ± 6,8	15,0 ± 7,4	22,7 ± 13,3

TABLEAU VII

Item 5 d. Production de phrases à partir de lexèmes donnés et conformément à un modèle syntaxique. Résultats comparatifs en chiffres absolus. Agrammatismes avec gros troubles morphologiques (6), sans gros troubles morphologiques (5), avec dysprosodie (6), aphasie de Wernicke (20).

Item 5 d. Attendus	Agramm. graves avec gros troubles morphologiques			Agramm. graves sans gros troubles morphologiques ■			Agrammatismes dysprosodiques ●			Aphasie de Wernicke ◆
Phrases conf. au mod. 20	1,3 ± 2,4	●0,02	◆0,001	1,2 ± 0,8	●0,02	◆0,001	7,3 ± 4,5	|0,02	■0,02	10,0 ± 5,0
Phrases n. conf. au mod.	2,2 ± 2,6	●0,01	◆0,02	2,2 ± 1,6	●0,01	◆0,02	7,5 ± 2,9	|0,01	■0,01 ◆0,2	5,5 ± 2,8
Phrases correctes	3,5 ± 4,9	●0,001	◆0,001	3,4 ± 2,2	●0,001	◆0,001	14,8 ± 2,7	|0,001	■0,001	15,5 ± 4,8
Phrases incorrectes	13,2 ± 6,3	●0,02	◆0,001	15,4 ± 3,7	●0,001	◆0,001	5,2 ± 2,7	|0,02	■0,001	4,4 ± 3,2
Passifs corrects 2	1,2 ± 2,4			0,6 ± 0,5		◆0,2	0,8 ± 1,0			1,2 ± 0,8
Passifs incorrects	0,2 ± 0,4		◆0,1	0			0,2 ± 0,4		◆0,1	0
Passifs manquants	1,2 ± 1,0		◆0,2	1,4 ± 0,5		◆0,05	1,2 ± 1,0		◆0,2	0,6 ± 0,8
V. pronominaux corr. 1	0	●0,05	◆0,05	0,2 ± 0,4		◆0,2	0,5 ± 0,5	|0,05		0,8 ± 0,8
V. conjugués corrects 26	9,3 ± 6,7	■0,2	●0,005 ◆0,001	8,0 ± 3,8	|0,2	●0,001 ◆0,001	22,0 ± 2,7	|0,005	■0,001	22,5 ± 6,2
V. conjugués incorrects	2,3 ± 3,4		◆0,05	1,6 ± 1,1		●0,2 ◆0,05	3,8 ± 3,3		■0,2 ◆0,001	0,6 ± 0,9

DIFFÉRENTS ASPECTS CLINIQUES 83

	N	Groupe 1	sig.	Groupe 2	sig.	Groupe 3	sig.	Groupe 4
V. non conjugués		7,5 ± 6,9	■ 0,05 ● 0,2 ◆ 0,001	13,8 ± 3,6	— 0,05 ● 0,001 ◆ 0,001	2,3 ± 3,4	— 0,2 ■ 0,001 ◆ 0,01	0,5 ± 0,9
Verbes manquants		0,8 ± 2,1	◆ 0,1	1,8 ± 1,8	● 0,05 ◆ 0,001	0	■ 0,05	0
Passés corrects	1	1,0 ± 1,7	● 0,05	0	● 0,02 ◆ 0,05	4,3 ± 3,0	◆ 0,02	1,8 ± 1,8
Passés incorrects		0,2 ± 0,4		1		0,3 ± 0,8		0,3 ± 0,8
Passés manquants		0,5 ± 0,5	■ 0,1	0 ± 0	— 0,1 ◆ 0,02	0,8 ± 0,5	◆ 0,1	0,3 ± 0,6
Futurs corrects	6	0,2 ± 0,4	● 0,05 ◆ 0,005	0,4 ± 0,5	● 0,1 ◆ 0,01	3,7 ± 3,7	— 0,05 ■ 0,1	5,2 ± 3,7
Futurs incorrects		0	● 0,1	0	● 0,2	0,7 ± 0,8	— 0,1 ■ 0,2 ◆ 0,05	0,2 ± 0,4
Futurs manquants		4,3 ± 2,6	◆ 0,025	5,8 ± 0,4	● 0,05 ◆ 0,001	3,2 ± 2,2	■ 0,05 ◆ 0,2	1,7 ± 2,3
Articles corrects	23	20,0 ± 9,2	■ 0,2 ● 0,02 ◆ 0,2	27,6 ± 7,2	— 0,2 ● 0,2	33,4 ± 5,1	— 0,02 ■ 0,2 ◆ 0,005	24,6 ± 5,7
Articles manquants		5,3 ± 6,4	● 0,1 ◆ 0,001	6,0 ± 3,6	● 0,005 ◆ 0,001	0,2 ± 0,4	— 0,1 ■ 0,05	0,2 ± 0,4
Amalgames corrects	1	1,7 ± 1,9	● 0,05 ◆ 0,05	3,2 ± 2,8	● 0,1	6,2 ± 2,3	— 0,05 ■ 0,1 ◆ 0,05	3,9 ± 2,2
Possessifs corrects	5	1,0 ± 0,9	● 0,1 ◆ 0,005	1,6 ± 1,8	◆ 0,02	3,1 ± 2,2	— 0,1 ◆ 0,2	5,2 ± 2,8
Possessifs incorrects		0,2 ± 0,4		0,2 ± 0,4		0		0,3 ± 0,5
Possessifs manquants		3,2 ± 2,0	◆ 0,05	3,8 ± 1,6	◆ 0,01	2,7 ± 1,5	◆ 0,2	1,6 ± 1,5

84 L'AGRAMMATISME

Item 5 d Attendus	Agramm. avec gros troubles morphologiques			Agramm. sans gros troubles morphologiques			Agrammatismes dysprosodiques			Aphasie de Wernicke
Tot. modal. correctes 29	22,7 ± 10,7	■ 0,2	● 0,005 ◆ 0,02	32,4 ± 8,3	— 0,2	● 0,02 ◆ 0,005 0,001	42,8 ± 3,0	— 0,05	■ 0,02 ◆ 0,02	33,7 ± 8,0
Tot. modal. manquantes	8,5 ± 7,1		● 0,1 ◆ 0,005	10,2 ± 4,1			2,8 ± 1,3	— 0,1	■ 0,005 ◆ 0,2	1,8 ± 1,7
Conj. subord. correctes	0,8 ± 0,8		● 0,2 ◆ 0,1	1,0 ± 1,0			1,5 ± 0,8	— 0,2		1,6 ± 0,8
Conj. subord. manq.	0,7 ± 0,8			1,0 ± 1,0			0,5 ± 0,5			0,3 ± 0,6
Pronoms relat. corrects 4	1,7 ± 1,6	■ 0,1	● 0,02 ◆ 0,1	3,6 ± 1,5	— 0,1		3,7 ± 0,6	— 0,002		3,0 ± 1,4
Pronoms relat. incorr.	0,3 ± 8		◆ 0,1	0,2 ± 0,4		◆ 0,05	0			0
Pronoms relat. manq.	1,7 ± 1,4		● 0,1 ◆ 0,2	0,8 ± 0,8			0,3 ± 0,5	— 0,1	◆ 0,1	1,0 ± 0,8
Prépositions correctes	5,8 ± 4,4		● 0,05 ◆ 0,02	7,4 ± 3,8		● 0,2 ◆ 0,1	10,7 ± 2,6	— 0,05	■ 0,2	10,9 ± 3,9
Prépositions incorrectes	0,3 ± 0,5	■ 0,2	● 0,2 ◆ 0,1	0	— 0,2		0	— 0,2		0,05 ± 0,2
Prépositions manquantes	1,7 ± 1,6		● 0,05 ◆ 0,02	2,4 ± 2,3		◆ 0,05 0,005	0	— 0,05	■ 0,05	0,4 ± 0,9
Tot. mon. fonct. corr. 14	9,3 ± 6,8		● 0,1 ◆ 0,05	11,6 ± 2,9		● 0,05 ◆ 0,2	15,8 ± 3,0	— 0,1	■ 0,05	15,4 ± 5,3
Tot. mon. fonct. incorr.	0,7 ± 1,2		◆ 0,05	0,2 ± 0,4		● 0,01 ◆ 0,2	0			0,05 ± 0,2
Tot. mon. fonct. manq.	4,0 ± 3,4		● 0,1 ◆ 0,025	4,2 ± 2,2		● 0,01 ◆ 0,01	0,8 ± 1,0	— 0,1	■ 0,01	1,7 ± 1,6

TABLEAU VII a

Item 5 d. Production de phrases à partir de lexèmes donnés et conformément à un modèle syntaxique. Résultats comparatifs (nombres absolus) des aphasiques de Wernicke répartis en 3 groupes selon les mêmes procédés que les agrammatiques.

Item 5 d	Groupe I (6). Contraires morphol. 3a ⩽ 70%	Groupe II (4). Contraires morphol. 3a > 70% Phrases 5d ⩽ 13	Groupe III (10). Contraires morphol. 3a > 70% Phrases 5d > 13
Phrases correctes	15,3 ± 4,4 ■ ● 0,05 0,1	8,5 ± 3,1 ● 0,001	18,3 ± 1,8
V. conj. corrects	23,7 ± 4,2 ■ 0,05	14,2 ± 8,3 ● 0,005	25,0 ± 3,0
V. conj. incorr.	1,3 ± 1,2 ■ ● 0,2 0,02	0,25 ± 0,5 ● 0,9	0,2 ± 0,4
V. non conjugués	0,8 ± 1,3 ● 0,1	1,0 ± 0,8 ● 0,005	0 ± 0
Passés corrects	2,5 ± 2,7	0,75 ± 0,5	1,7 ± 1,0
Passés incorrects	0,5 ± 1,2	0,25 ± 0,5	0,1 ± 0,3
Passés manquants	0,5 ± 0,5	0,25 ± 0,5	0,2 ± 0,4
Futurs corrects	4,2 ± 2,1 ■ ● 0,025 0,1	1,0 ± 0,8 ● 0,005	7,3 ± 3,4
Articles corrects	20,3 ± 4,5	19,8 ± 9,1 ● 0,2	24,4 ± 3,3
Art. manquants	0 ± 0	0,5 ± 0,6	0,1 ± 0,3
Amalg. corrects	3,8 ± 2,2	2,3 ± 2,6	4,6 ± 1,7
Tot. modal. corr.	36,5 ± 6,7 ■ 0,1	24,3 ± 11,7 ● 0,02	35,7 ± 3,9
Conj. sub. corr.	1,8 ± 0,4 ■ 0,05	0,25 ± 0,5 ● 0,001	1,9 ± 0,4
Préposit. correctes	10,3 ± 2,3 ■ ● 0,2 0,05	6,5 ± 5,7 ● 0,01	12,9 ± 2,1
Tot. mon. fonct. corrects	15,0 ± 3,2 ■ ● 0,05 0,05	8,2 ± 5,9 ● 0,001	18,5 ± 2,9
Tot. mon. fonct. manquants	1,8 ± 1,5	3,2 ± 2,2 ● 0,01	0,9 ± 0,7

Dans l'item 5 d de production de phrases avec lexèmes et modèle syntaxique donnés, tableau VII, les mêmes traits se confirment. Les agrammatiques sans gros trouble morphologique emploient aussi plus d'articles, mais la différence est moins importante. Pour l'ordre des mots, comme pour les expansions, qui sont donnés par la phrase modèle, on ne retrouve évidemment pas de perturbations. Les prépositions manquantes restent plus nombreuses, bien que ce groupe de malades en emploie davantage que les agrammatiques avec gros troubles morphologiques. Petit fait marquant : le manque de pronoms relatifs, qui était aussi important dans l'un et l'autre groupes pour les items 5 a b c, reste net chez les agrammatiques avec gros troubles morphologiques, alors qu'il disparaît chez les agrammatiques sans gros troubles morphologiques. Le modèle syntaxique permet à ces derniers de pallier leur déficience. Au contraire, le déficit des formes verbales conjuguées s'accuse et la différence pour les formes non conjuguées devient significative. Pour les formes conjuguées, un autre trait révélateur apparaît comme aux items 5 a b c; chez les agrammatiques avec gros troubles morphologiques, les formes conjuguées simples, comme le participe passé, l'impératif, sont moins touchées que les autres; chez les agrammatiques sans gros troubles morphologiques, elles le sont toutes également. On pourrait comprendre ce double comportement, si l'on admet, comme nous serons amenés à le postuler par la suite, que les marques du verbe ont une double fonction : syntaxique proprement dite dans la mesure où elles marquent le temps du verbe; de déterminant simple dans la mesure où elles marquent l'accord en personne et en nombre. Dans le groupe des agrammatiques avec gros troubles morphologiques, ce serait la transformation morphologique qui ferait difficulté; elle serait d'autant plus atteinte, qu'elle devrait conduire à une forme plus éloignée du radical verbal. Dans le groupe des agrammatiques sans gros troubles morphologiques, ferait problème la fonction syntaxique du temps et ainsi toutes les formes verbales seraient également touchées, qu'elles résultent d'une transformation morphologique simple ou plus complexe. Les agrammatiques bénins avec dysprosodie se différencient des aphasies de Wernicke par le nombre un peu plus grand de phrases correctes, mais non conformes aux modèles, par une pléthore des articles, qui n'empêche pas des manques certains, ainsi que par des manques des modalités verbales et des pronoms relatifs.

Au total, la division de nos agrammatiques en 3 groupes n'atténue pas la signification de leur différence avec l'aphasie de Wernicke, sauf pour le groupe de l'agrammatisme bénin avec dysprosodie. Les traits qui distinguent les deux premiers groupes entre eux sont consignés dans le tableau VIII : Notons que, vu l'exiguïté des groupes, nous avons tenu compte, non seulement des traits significatifs ou à la limite du significatif, mais encore des traits non significatifs, mais voyants cliniquement. Nous avons ordonné, dans la mesure du possible, les items en fonction de leur « densité » morphologique et syntaxique, en allant des plus morphologiques aux plus syntaxiques.

TABLEAU VIII

Items		Agrammatiques avec gros troubles morphologiques	P	Agrammatiques sans gros trouble morphologique
Production des contraires morphol.	3 a	*atteinte*	0,005	conservée
Production des dérivés morphol.	3 b	*atteinte*	NS	mieux conservée
Marques morphol. à produire, à corriger et à choisir	6 abc	*atteintes*	0,2	mieux conservées
Production d'articles	5 abc 5 d	*atteinte*	0,05	conservée
Production de phrases correctes	5 abc 5 d	atteinte	NS	*plus atteinte* mais atteinte égale avec modèle syntaxique 5 d
Formes verbales conjuguées	5 abc 5 d	atteintes	NS	*plus atteintes*
Prépositions	5 abc 5 d	atteintes	NS 0,1	mieux conservées *mais manques plus nombreux*
Conjonctions de subordination	5 abc 5 d	atteintes	0,1	atteintes *mais manques plus nombreux*
Pronoms relatifs	5 abc 5 d	atteints	0,1	atteints mais conservation avec modèle syntaxique
Production de substantifs dans phrases à trous	5 d	conservée	0,05	*atteinte*
Ordre des mots	5 abc	conservé	0,005	*atteint*

Cette trichotomie peut paraître reposer sur bien peu de différence entre les groupes par rapport à leurs nombreuses ressemblances. Ceci est d'autant plus vrai, que les tableaux V, VI, VII sont en corrélation les uns avec les autres d'une façon très significative entre 0,6 et 0,9 au coefficient de rang de SPEARMAN. En particulier, la corrélation entre agrammatisme avec gros troubles morphologiques et agrammatisme sans gros trouble morphologique est de R 0,74 P < 0,01 pour le tableau V, R 0,88 P < 0,001 pour le tableau VI et R 0,94 P < 0,001 pour le tableau VII. Pour apporter un argument majeur de plus en faveur de l'unicité du syndrome agrammatique, ces constatations ne suppriment pas la vraisemblance de formes différentes caractérisée par la prédominance d'un mécanisme physiopathologique donné.

Pour essayer de cerner ce problème de plus près, nous avons cherché les corrélations existantes entre l'ensemble des résultats pour chaque groupe (aphasie de Wernicke, ensemble des agrammatiques, agrammatiques avec gros troubles morphologiques, sans gros troubles morphologiques, bénins avec dysprosodie) et les 4 paramètres du protocole qui nous ont paru les plus intéressants, soit 1) identification de la fonction des

TABLEAU IX

Nombre de coefficients de corrélation ≥ 0,81 des items de production de phrases 5 abc avec 4 principaux paramètres du protocole d'examen : identification de la fonction des néologismes, marques morphologiques sur des néologismes, marques morphologiques à trouver, à corriger et à choisir, production de contraires morphologiques.

	Total	Fonction des néologismes (7 b)	Marques sur néologismes (7 c)	Marques morphol. (6 abc)	Contraires morphol. (3 a)
Aphasie de Wernicke	1	1	0	0	0
Agramm. avec gros troubles morphol.	11	1	2	3	5
Agramm. sans gros troubles morphol.	6	2	2	0	2
Agrammatisme dysprosodique	0	0	0	0	0

néologismes item à forte densité syntaxique, 2) placer des marques morphologiques sur des néologismes, item encore très syntaxique, 3) marques morphologiques à trouver, à corriger et à choisir, item à forte densité morphologique, 4) produire des contraires morphologiques, item dépourvu de fonction syntaxique. Étant donné l'exiguïté des groupes, nous n'avons retenu que les coefficients de corrélation $\geqslant 0,81$ qui sont significatifs à $P < 0,05$ à partir de 6 couples de valeur (nombre des agrammatiques avec gros troubles morphologiques et dysprosodiques).

Ce tableau montre très nettement, pour les agrammatiques avec gros troubles morphologiques, la progression de gauche à droite du nombre de résultats en corrélation significative avec les items échelonnés du plus syntaxique au plus morphologique. On n'observe pas nettement l'image inverse pour les agrammatiques sans gros trouble morphologique. Toutefois, si on réunit les 2 premiers paramètres à dominance syntaxique pour les opposer aux deux derniers à prédominance morphologique, on obtient le tableau à 4 cases suivant :

	Nombre de coefficients de corrélation $\geqslant 0,81$ avec	
	« paramètres syntaxiques »	« paramètres morphologiques »
Agrammatiques avec gros troubles morphologiques	3	8
Agrammatiques sans gros troubles morphologiques	4	2

L'x^2 est significatif à $P < 0,05$, mais sur un si petit nombre de valeurs, il vaut mieux utiliser la distribution hypergéométrique; elle donne un coefficient qui approche du significatif. Globalement, il apparaît donc, que les agrammatiques avec gros troubles morphologiques ont des résultats qui corrèlent en plus grand nombre avec des épreuves morphologiques. Au contraire, ceux des agrammatiques sans gros troubles morphologiques sont plus souvent en corrélation avec des épreuves à forte densité syntaxique.

Si nous retenons tous les coefficients de corrélation $\geqslant 0,50$ limite de significativité pour les aphasiques de Wernicke (17) et l'ensemble des agrammatiques (17), nous obtenons les résultats suivants :

	Aphasie de Wernicke (1)	Agramm. Ensemble (2)	Agramm. avec gros tr. morph. (3)	Agramm. sans gros tr. morph. (4)	Agramm. avec dysprosodie (5)
Nbr $r \geq 0{,}50$	37	71	87	50	26
Nbr $r < 0{,}50$	83	49	33	70	94

(1) × (2) P < 0,001   (3) × (4) P < 0,001
(1) × (3) P < 0,001   (3) × (5) P < 0,001
(1) × (4) P < 0,1   (4) × (5) P < 0,001
(1) × (5) P < 0,2

Les corrélations entre paramètres sont nettement plus nombreuses dans l'agrammatisme, et particulièrement dans l'agrammatisme avec gros troubles morphologiques, que dans l'aphasie de Wernicke. Autrement dit, l'énoncé de l'agrammatique est soumis à beaucoup plus de contraintes que celui de l'aphasique de Wernicke. Ses difficultés de syntaxe ne sont pas synonymes d'anarchie, bien au contraire. L'ensemble de ses réussites et de ses erreurs varie corrélativement d'une façon étonnante. Ces constatations rendent peut-être en partie compte du caractère particulièrement élliptique du discours des agrammatiques avec gros troubles morphologiques, chez lesquels ces contraintes sont les plus nombreuses. Ils simplifieraient autant que possible leurs phrases (diminution des expansions) pour mieux les dominer. Assez révélatrice à ce propos est l'existence de corrélations négatives dans l'agrammatisme, alors qu'elles n'existent pas pour nos paramètres dans l'aphasie de Wernicke.

	Aphasie de Wernicke	Agramm. avec gros troubles morph.	Agramm. sans gros troubles morph.	Agramm. avec dysprosodie
Nombre de r négatifs $\geq 0{,}50$	0	6	4	23

Ainsi, plus les agrammatiques avec gros troubles morphologiques arrivent à produire de marques morphologiques dans un texte où elles manquent ou à corriger des marques fausses, moins les phrases qu'ils produisent spontanément comprennent d'expansions $r = -0,85$ $P < 0,05$. Tout se passe donc comme si, mieux il domine la morphologie, plus ce type de malades fait d'économies syntaxiques pour ne pas s'exposer à commettre des erreurs. De même, moins il produit d'expansions, plus il produit de phrases correctes au prix d'une plus grande simplicité de ces dernières.

Les contraintes positives font presque complètement défaut chez les agrammatiques avec dysprosodie (pas de $r \geqslant 0,81$). Mais c'est chez eux que le nombre de coefficients de corrélation négatifs est le plus grand. Il s'agit pour la plupart de corrélations avec l'item 7 c (produire des marques morphologiques sur des néologismes). Cet item est certainement très sensible aux troubles arthriques et en particulier dysprosodiques. Ainsi, pour passer du modèle « j'ai acheté de beaux brimets » à « j'ai acheté de belles *brimettes* », faut-il pouvoir prononcer d'une seule foulée « de beaux brimets » « de belles brimettes ». Mieux les agrammatiques dysprosodiques dominent ces difficultés, moins, dans la construction de phrases (5 a b c), ils produisent d'articles $r = -0,92$ $P < 0,01$, de monèmes fonctionnels $- 0,88$ $P < 0,01$ et plus ils produisent de phrases correctes $r = 0,70$ $P < 0,05$. Le processus n'est probablement pas le même qne chez les agrammatiques avec gros troubles morphologiques. Ici, les nombreux patterns d'hésitation comprennent beaucoup de morphèmes, qui sont comme essayés tour à tour. Dans la mesure où la diminution des perturbations de l'élan prosodique permet une meilleure réussite à l'item « production de marques morphologiques sur des néologismes », le nombre des morphèmes utilisés diminue.

Reste à examiner quelques coefficients de corrélation privilégiés dans les deux groupes d'agrammatismes graves. Nous retiendrons la corrélation des résultats suivants des items 5 a b c avec la production de contraires morphologiques (3 a) et avec l'identification de la fonction des néologismes (7 b) :

— les articles, modalités centripètes sans fonction syntaxique,

— les prépositions et amalgames, monèmes fonctionnels centrifuges syntaxiques qui, dans le discours simplifié de l'agrammatique, introduisent la plupart du temps des expansions primaires,

— les conjonctions de subordination et les relatifs, monèmes fonctionnels centrifuges syntaxiques, qui introduisent des expansions secondaires,

— les expansions qui, chez l'agrammatique, sont presque toujours primaires.

TABLEAU X

Corrélations de quelques résultats des items de production de phrases à partir d'un lexème donné (5 a b c) avec ceux des épreuves de production de contraires morphologiques (3 a) et d'identification de la fonction de néologismes (7 b).

Items 5 a b c	Agrammatiques avec gros troubles morphologiques		Agrammatiques sans gros troubles morphologiques	
	Contraires morphol. (3a)	Fonction néolog. (7b)	Contraires morphol. (3a)	Fonction néolog. (7b)
Articles corrects	0,85 $P < 0,01$			0,69 $P < 0,1$
Prépositions + Amalg. corrects				0,79 $P < 0,05$
Relatifs + Conj. sub. corr.	$\boxed{-0,91}$ $P < 0,01$			0,75 $P < 0,1$
Expansions		$\boxed{-0,61}$ $P < 0,2$		0,62 $P < 0,1$

TABLEAU X a

Corrélations de quelques résultats des items 5 a b c de production de phrases à partir d'un lexème donné avec ceux de production de contraires morphologiques (3a) et d'identification de la fonction de néologismes (7b). Aphasie de Wernicke (6) production de contraires morphologiques (3a) $\leqslant 70\%$.

Items (5 a b c)	Contraires morph. (3a) r	Fonction néolog. (7b) r
Articles corrects		
Prépositions + Amalgames corrects		
Relatifs + Conj. Sub. corrects		0,86 $P < 0,01$
Expansions		0,73 $P < 0,05$

Ces résultats sont résumés dans le tableau X. Nous y retrouvons très nettement l'asymétrie du tableau IX. Il met de plus en évidence : la corrélation très serrée des articles avec la production des contraires morphologiques chez les agrammatiques avec gros troubles morphologiques ; les corrélations à la limite du significatif des articles, mais surtout des monèmes fonctionnels et, à un moindre degré des expansions, avec l'identification des néologismes chez les agrammatiques sans gros troubles morphologiques. Chez les agrammatiques avec gros troubles morphologiques, nous retrouvons des corrélations négatives : des monèmes fonctionnels qui introduisent des expansions secondaires avec les contraires morphologiques ; de l'ensemble des expansions avec l'identification de la fonction des néologismes.

L'économie syntaxique des agrammatiques avec gros troubles morphologiques est une fois de plus voyante et proportionnelle à leur capacité de dominer les transformations morphologiques et la syntaxe.

Pour terminer, comparons, dans les 2 groupes d'agrammatiques graves, le nombre de résultats en corrélation ($r \geqslant 0,81$) avec les « paramètres syntaxiques » (identification de néologismes (7 b), marques sur néologismes (7 c) et les « paramètres morphologiques » (marques morphologiques, (6 abc), et contraires morphologiques, (3 a) d'une part dans l'item de production de phrases à partir d'un seul lexème donné (5 abc), d'autre part dans l'item de production de phrases dont tous les lexèmes et le modèle syntaxique sont donnés (5 d).

TABLEAU XI

	Agrammatiques avec gros troubles morphologiques		Agrammatiques sans gros troubles morphologiques	
	« Paramètres syntaxiques »	« Paramètres morphologiques »	« Paramètres syntaxiques »	« Paramètres morphologiques »
5 abc	3	8	4	2
5 d	7	5	0	4
	N.S.		$P < 0,2$	

Nbr de $r \geqslant 0,81$

Rappelons que dans l'item 5 a b c (production libre), les agrammatiques sans gros troubles morphologiques produisent nettement moins de phrases correctes que les agrammatiques avec gros troubles morphologiques. Par contre, dans l'item 5 d, les résultats des deux groupes s'égalisent. Autrement dit, alors que les agrammatiques avec gros troubles morphologiques ne sont pas aidés par le modèle syntaxique qui leur est fourni (5 d), celui-ci facilite la tâche des agrammatiques sans gros trouble morphologique. Corollairement, dans cette circonstance, les performances de ces derniers dépendent moins de leur capacité à dominer la syntaxe proprement dite et davantage de leur capacité, pourtant mieux conservée, à dominer la morphologie. Inversement, les performances des agrammatiques avec gros troubles morphologiques, que l'on contraint à user de modèles syntaxiques plus compliqués que ceux qu'ils produisent spontanément, deviennent plus dépendants de leur capacité, pourtant mieux conservée, à dominer la syntaxe proprement dite.

Au total, le dépouillement de l'ensemble du protocole d'examen permet de distinguer 3 aspects cliniques du syndrome agrammatique. Il aurait été souhaitable de confronter cette trichotomie fondée sur des performances de langage dirigé avec l'analyse du langage spontané de nos malades. Malheureusement, une analyse linguistique rigoureuse de ce dernier s'est heurtée à l'impossibilité de délimiter avec certitude les énoncés du langage spontané de toute une série de malades. Nous avons donc été contraints de la remplacer par une analyse intuitive des enregistrements. Celle-ci permet de dégager pour chaque groupe les caractéristiques suivantes :

1. *Agrammatiques avec gros troubles morphologiques*

Ce sont les malades dont la symptomatologie est la plus proche des descriptions classiques. L'analogie superficielle avec le style télégraphique est ici très nette. Les morphèmes, en particulier les déterminants sont très rares. La délimitation des énoncés reste possible. Le contenu sémantique du message est appréhendé facilement.

Voici la transcription des récits de deux malades de ce type :

KN

Le Ballon Rouge. — Vois-voir... achète ballon... rouge... m'amuser... content monter en haut... après ici... content... ballon alors couché... hélas ici... ballon... cassé... ou... chais pas quoi... alors... ici... rien... mystère... et pleure parce que ballon... cassé pi... pleure.

37 sec. — 37 mots. — articles 0

Profession. — Ah ben... sonne... pi tout droit... camion canon ou auto ou je sais pas quoi... pi tout droit... au feu ou avion ou bien auto (et là) pi voir si feu beaucoup... peu (oui) ou peut-être... dedans... un homme ou une femme... malade tout ça... alors... vite dehors.

32 sec. — 47 mots. — 2 articles < 5 %

GHE

Le Ballon Rouge. — Matin... acheté monsieur ballon rouge... sortir... et puis regarde ciel là... ballon... et puis après monter escalier... ballon rouge là... i tient (incompréhensible) et puis... lui coucher... ballon rouge... la chaise... eh... tient... couché... c'est tout (qui est-ce) garçon... (oui qu'est-ce qu'il fait) i dort sais pas... i dort... 11 heures sais pas (et ici) eh sais pas gonflé là sais pas... gaz... couché encore pi matin levé, ballon et ben gonflé... chaise et puis gonflé quoi et puis... i pleure après... lever... non i baille... et puis ballon... par terre quoi... a pus gaz qui quoi... puis pleurer... puis... 123 sec. — 88 mots. — 1 article < 1 %

2. *Agrammatiques sans gros trouble morphologique*

La perturbation de l'ordre des mots déjà observée dans le protocole n'est pas rare. La délimitation des énoncés est impossible. La tendance aux énoncés monorhématiques est évidente. C'est à ce groupe que convient la métaphore de JAKOBSON : un langage réduit à un chaos de mots. Les articles sont nombreux. L'emploi des fonctionnels est très caractéristique; beaucoup plus souvent que chez les malades des autres groupes, leur usage est déterminé par leur contenu sémantique. Ils ont perdu leur caractère de marqueur de fonction. Le contenu sémantique du message est pauvre et ne s'éclaire qu'à la lumière des informations extralinguistiques fournies par la situation.

BER

Le chaperon rouge. — Le chabon... chaperon rouge... euh... la fille... la mère... une... galette euh... est-ce que... grand-mère... mais... la forêt... après... euh seule... la jeune fille ou euh... la forêt... la maison... une... euh après... euh... la maison... d'accord euh... le lit... le loup euh... le lit mais euh le trap... euh une... chapeau... eh ben est-ce que... oui... vingt années... vingt mais sais pas... vingt-cinq oui... parce que... et après... ben oui loup... eh... grand-mère... eh... ah merde... peur... peur... non.

153 sec. — 70 mots. — 14 articles 20 %

Le Ballon Rouge. — Ah oui mais... le ballon... le les la fête... le une petite... oui gazon petite euh... le ballon... une... après... euh... escalier... ce soir... pi... le ballon euh... le lit euh je dors... la nuit... air... tirer non tirer non... la chaise euh... la nuit... euh... la nuit mais... une heure vingt... lingt cinq... nuit... le ballon mais... crevé... mais... je pleure euh quevé mais... euh le sol... ah oui oui oui ça c'est... une demi... crevé... demi cressé casé (à moitié crevé) oui euh cabone camonne cram... non camonique (gaz carbonique) oui... je pleure... le ballon... le camonique... est-ce que.   205 sec. — 87 mots. — 20 articles < 22 %

CHAR

Profession. — Représentant de commerce... (mais comment vous travaillez, avec qui, en quoi est-ce que cela consiste) blouse tablier barboteuse, collection, enfant fillette bien sûr... enfant fillette... blouse tablier et robe dame enfant enfant et euh... baby chic... euh... karabi... non et euh karabi mais babychic avant ah eh métier métier euh... bien métier euh, baratin... euh... explication euh taille colori euh références bien, mais un jour ein et un jour euh bien sûr la route, de Brest Châteauroux Gueret et euh St Malo et euh Blois... St Bris, Romorantin et oui et oui.
                  73 sec. — 66 mots. — 3 articles < 5 %

Le Chaperon Rouge. — Euh panier euh panier... porter les... le pain et alors euh... grand-mère non pain et retour... retour amuser les fleurs amuser les fleurs, les papillons et euh bien sûr et alors... loup apparu, mais alors euh... le loup... euh accompagner là là et manger euh manger la petite fille.
                  70 sec. — 42 mots. — 7 articles 15 %

Le Ballon Rouge. — Un garçon et un ballon euh tenu... euh un ballon... euh fil un ballon... euh monter escalier et un ballon... un ballon... euh couché... couché euh pendule... neuf heures... neuf heures et euh un ballon... euh la chaise attaché... euh coucher euh 10/11 heures 11 heures, 11 heures couché et euh crevé... crevé euh un ballon et euh... une... huit huit heures huit heures euh dormir et crevé ballon dort et pleurer ballon euh la ficelle et ballon « vuiou » crevé.
                  95 sec. — 66 mots. — 10 articles 15 %

3. *Agrammatisme avec dysprosodie*

Ce dernier groupe comporte, à deux exceptions près, les agrammatiques que le dépouillement du protocole avait conduits à qualifier de bénins. En fait, leur langage spontané est sévèrement atteint. Il est marqué par une importante dysprosodie et leurs énoncés sont sans cesse brisés dans leur élan par des patterns d'hésitation, par des reprises. Tout se passe comme si, disposant de l'essentiel de la syntaxe et de la morphologie, ils n'arrivaient pas, faute de moule mélodique, à les couler dans leurs énoncés. Ceux-ci sont hachés, constitués de syntagmes isolés, mais comprenant la plupart du temps déterminants et fonctionnels. Les reprises continues, sans intonation adéquate, peuvent quelquefois faire croire à une perturbation de l'ordre des mots. Le contenu sémantique des énoncés est très variable d'un malade à l'autre et d'un moment à l'autre chez le même malade.

MICH

Le Ballon Rouge. — Là... euh... prend un ballon... rouge... le monsieur euh attend euh des gens euh... le petit garçon... monte l'escalier euh avec un ballon... euh l'escalier est non... euh l'escalier l'escalier monte... la rampe euh... tient euh le petit garçon... Dans son lit euh dans son lit euh, l'oreiller... couverture... l'édredon... euh on dort euh la non le la pendule est... minuit un... minuit un quart euh... euh... Des chaussures... posées euh sur la... pro... Le petit enfant euh le ballon rouge euh... une chaise euh... l'enfant euh... (où est le ballon rouge) euh euh dans son lit euh (le ballon ou l'enfant?) posé sur son lit... l'enfant euh... c'est drôle... mais... ah... tout d'un coup euh... le ballon rouge est euh... crevé euh... l'enfant euh où est qu'il est euh... le... euh le petit euh... par terre euh dé... euh... la pendule euh... une heure... (sur la dernière image, qu'est-ce qui arrive?) les euh... le pyjama il... est... il pleure euh le ballon est... euh... cavé... loin... tombé non il pleure.

520 sec. — 121 mots. — 33 articles > 25 %

RAV

Le Ballon Rouge. — Alors ça, c'est de l'histoire d'enfant : le ballon rouge euh est content euh... i laisse flotter son ballon le marchand... « incompréhensible » de ballon rouge un ballon rouge dans le petit garçon, il fait joyeux les arbres c'est en été et pi il monte évidemment très fier de laisser son ballon rouge. Il monte marche à pas il monte et oh il est tellement joyeux « incompréhensible » dort voyez neuf heures, il dort le petit enfant « incompréhensible » il chesse où est son beau ballon rouge, seulement rouge seulement malheureusement paff il crève alors mais il dort et pi pschiiit comme ça... tout d'un coup sort son un ballon rouge crevé... le petit razon minuit Sais pas en suisant en où est mon ballon rouge... il elle pleure le pauvre vieux mon ballon rouge crevé.

175 sec. — 129 mots. — 10 articles 8 %

SAL

Le Ballon Rouge. — Le ballon rouge un gamin achète un ballon rouge il monte l'escalier pour gagner sa maison il est dix heures le gamin fatigué il lie le ballon à au dossier de chaise. A 11 heures, le gamin dormi, le ballon se dégonfle le a sept heures, le gamin se réveille le ballon disparu se lève va regarde par terre le ballon rouge dégonflé, il pleure.

65 sec. — 66 mots. — 13 articles 19 %

Au terme de cette analyse, la distinction de 3 aspects cliniques de l'agrammatisme, dont 2 définis linguistiquement et le 3e selon un critère clinique, nous paraît valable. Mais du fait de l'exiguïté des groupes et du mode de distribution des résultats, l'instrument statistique ne leur confère qu'une valeur indicative. Enfin, les différences entre les 3 groupes quant aux résultats numériques, pour être caractéristiques, n'en sont pas moins plus rares que les similitudes. Aussi nous a-t-il paru prudent d'appliquer aux aphasiques de Wernicke les mêmes procédés (production de contraires morphologiques conservée ou atteinte; production de phrases avec modèle syntaxique et lexèmes donnés conservée ou atteinte) qui nous ont conduits à distinguer 3 aspects de l'agrammatisme. Les groupes d'aphasiques de Wernicke ainsi constitués n'ont aucune cohérence, si ce n'est : 1) que les patients qui produisent peu de phrases correctes (≤ 13) sont aussi ceux qui ont les moins bons résultats pour pratiquement tous les autres paramètres; 2) que le groupe qui a des difficultés à produire les contraires morphologiques (≤ 70 %) occupe pour pratiquement tous les paramètres une position intermédiaire entre le groupe précédent et celui des malades qui produisent facilement et des phrases (> 13) et des contraires morphologiques (> 70 %).

B. CONTEXTE CLINIQUE, NEUROLOGIQUE ET APHASIQUE DE l'AGRAMMATISME

Le tableau XI regroupe les commémoratifs du dossier clinique établi antérieurement au travail de notre équipe. Il est donc d'autant plus frappant de retrouver une répartition aussi cohérente de la dysprosodie sous la terminologie d'anarthrie dystonique, terme utilisé précisément pour différencier ce trouble du syndrome de désintégration phonétique ($P < 0,02$).

L'hémiplégie persistante est aussi plus fréquente dans les cas atteints de dysprosodie, ainsi que la suppression totale du langage. Les troubles arthriques, indépendamment de la dysprosodie, y sont plus sévères. L'alexie fait défaut, alors que la dysorthographie est habituelle. Au contraire, dans les cas d'agrammatisme avec ou sans troubles morphologiques, une alexie et une agraphie de type aphasique sont fréquentes.

A l'occasion d'une série de cas d'aphasie post-traumatique avec

TABLEAU XI a

	Age	Sexe	Lésions	Hémiplégie	Hémianopsie	Suppression complète	Désintégration phonétique	Anarthrie dystonique	Alexie	Dysorthographie	Q I P
Agrammatisme avec gros troubles morphologiques	49	♀	?	+++	+	+	—	—	+	+	104
	23	o	Anévr. sylvien résect. T₂ T₃	—	—	—	±	—	+	—	108
	60	o	Thrombose carot. interne	+	—	+	+	—	—	—	121
	39	o	?	±	—	+	±	—	±	+	106
	45	o	?	+	—	+	±	—	+	—	?
				1/4	1/4	4/1	1/4	0/5	3/2	2/3	
Agrammatisme sans gros trouble morphologique gauchère	32	o	Angiome lobe temporal	+	+	—	—	—	+	—	85
	32	o	Thrombose carot. interne	++	—	+	+	+	+	—	108
	46	o	Méningiome gouttière olfactive opéré	++	—	+	—	—	+	—	104
	31	♀	Rupt. anévr. sylv. gauche	—	—	—	+	+	—	—	?
				2/2	1/3	2/2	2/2	2/2	3/1	0/4	
Agrammatisme avec dysprosodie	36	o	Thromb. br. sylvienne	++	—	++	+	+	—	+	115
	27	o	Trau. temp. g. hém. extra dur.	—	—	+	+	+	—	+	116
	34	♀	Embolie sylv. gauche	+++	—	+	+	+	—	+	94
	51	o	Thrombose sylvienne g.	++	—	+	+	+	—	+	92
	42	♀	Anévrisme sylvien gauch.	++	—	+	±	+	—	—	114
				4/1	0/5	4/0	4/1	5/0	0/5	4/1	
Dysprosodiques/autres				NS	NS	NS	NS	0,05	0,1	0,2	
Dysprosodiques/Morphologiques				NS	NS	NS	NS	0,02	0,2	NS	
Dysprosodiques/Syntaxiques				NS	NS	NS	NS	NS	0,1	0,1	

lésions vérifiées chirurgicalement, Th. ALAJOUANINE et coll. estimaient que, si l'aphasie de BROCA est généralement secondaire à des lésions sus-sylviennes, l'agrammatisme classique répondrait à des lésions antérieures sus- et sous-sylviennes. Notre casuistique va dans le même sens. Les agrammatiques classiques avec et sans gros troubles morphologiques semblent présenter à la fois des lésions sus-et sous-sylviennes centro-temporales. Au contraire, chez les agrammatiques avec dysprosodie, la lésion est probablement plus nettement centrale.

C. INTERPRÉTATION PSYCHO-LINGUISTIQUE DES ASPECTS CLINIQUES DE L'AGRAMMATISME

L'agrammatisme avec dysprosodie est certainement la forme clinique dont la physiopathologie pose, à première vue, le moins de problèmes. Comme l'avait déjà montré GOODGLASS, ces malades ne semblent pas montrer un trouble spécifique de la grammaire. Dans des épreuves programmées, comme celles de notre protocole, leurs résultats ne sont pas sensiblement inférieurs à ceux qu'obtiennent les aphasiques de Wernicke. Tout au plus, les manques de morphèmes sont-ils plus fréquents. Au contraire, leur langage spontané peut être très atteint. Les règles qui président à la transformation du fait de pensée en un énoncé linéaire, nécessitent, pour s'inscrire dans le langage spontané, une fluidité verbale, un déroulement mélodique de l'énoncé qui soutient les automatismes grammaticaux. GOODGLASS en 1967 a particulièrement insisté sur ces faits dans son article intitulé « Studies on the grammar of aphasics ». Pour cet auteur, l'automatisme de la « grammatisation » serait soutenu par une bonne possibilité d'établir des contrastes entre les termes saillants et non saillants de l'énoncé. Le caractère saillant d'un monème résulterait de l'accent de la prédominance phonologique et du contenu informationnel dont il est porteur. Mais l'accent constituerait l'élément dominant. On comprend facilement que la dysprosodie compromette cette fonction. Aussi pour GOODGLASS, un des traits fondamentaux de l'agrammatisme résiderait dans la nécessité, pour le sujet, de disposer d'un terme saillant pour commencer un énoncé. Comme la plupart des monèmes initiaux des syntagmes ne sont pas normalement accentués, ils sont omis par l'agrammatique qui part, de ce fait, dans un énoncé tronqué ou mal agencé. Il convient cependant de se souvenir, que le rôle de la prosodie en anglais est plus important qu'en français. Notre protocole ne fut pas conçu pour étudier ces phénomènes. Il ne nous est donc pas possible de confirmer ou d'infirmer dans le détail la théorie de GOODGLASS. Mais, dans ce groupe, l'importance de la dysprosodie, qui est un fait de parole, ne laisse pas de doute. Il mériterait d'être qualifié de « *pseudo-agrammatisme* » *dysprosodique*.

A l'opposé, les deux autres formes cliniques d'agrammatisme avec et sans gros troubles morphologiques répondent sans conteste à des faits de langue au sens de SAUSSURE. Comme nous y insistions au début de ce travail, nous nous sommes efforcés de décrire les productions verbales de nos malades à travers les concepts précis d'une syntaxe générale et d'une seule, celle de MARTINET. Pour l'interprétation des faits, nous nous croyons autorisés, par contre, à emprunter d'autres concepts et à faire référence à d'autres théories générales.

Mais, restons d'abord dans la syntaxe de MARTINET. Pour cet auteur, nous l'avons rappelé, les procédés syntaxiques proprement dits sont au nombre de trois : l'ordre des mots, l'indication de la fonction par un monème fonctionnel, l'autonomie syntaxique. La morphologie ne constitue qu'un procédé secondaire adjuvant des précédents et quasi redondant. Si la pathologie réalisait des formes linguistiques simples, la coupure entre nos deux groupes devrait passer entre les procédés syntaxiques proprement dits et les procédés morphologiques adjuvants. Les déficits comparés des différents procédés syntaxiques, selon MARTINET, dans les deux groupes d'agrammatiques avec et sans gros troubles morphologiques, sont résumés dans le tableau XII.

TABLEAU XII

Déficit comparé des différents procédés syntaxiques, selon MARTINET, dans les deux groupes d'agrammatiques avec et sans gros troubles morphologiques.

	Agrammatisme avec gros tr. morphol.	Agrammatisme sans gros tr. morphol.	
Ordre des mots	conservé	atteint	Syntaxe proprement dite procédés fondament.
Monèmes fonction.	atteints	moins atteints, mais manques plus nombreux	
Monèmes autonomes	peu atteints	peu atteints	
Modalités du verbe	atteintes	plus atteintes	Morphologie redondance procédés adjuvants
Articles	atteints	conservés et manques moins nombreux	

Les choses sont donc plus compliquées. Néanmoins, si l'on ne tient compte que des deux indices extrêmes, l'ordre des mots et les articles, il y a bien concordance avec la théorie. Le procédé syntaxique est touché dans un groupe, la redondance morphologique dans l'autre. Mais comment expliquer l'importante atteinte des modalités verbales dans le groupe où le procédé syntaxique majeur est atteint, si elles n'ont pas de fonction syntaxique proprement dite. Comment expliquer l'atteinte des monèmes fonctionnels dans le groupe où domine le déficit morphologique.

Le modèle chomskien serrerait-il la réalité de plus près? Si l'on ne retient que les grandes lignes de la théorie, cela paraît évident. Quitte à paraître simplistes, rappelons que la grammaire générative admet que la représentation syntaxique d'un énoncé correspond essentiellement à deux parties : pour Ruwet, par exemple, « une structure profonde, représentée par l'ensemble des indicateurs syntagmatiques sous-jacents et interprétables sémantiquement, et une structure superficielle représentée par l'indicateur syntagmatique dérivé final et interprétable phonétiquement ». Et Ruwet d'ajouter : « si cette hypothèse est vraie, il en résulte cette conséquence importante, que les transformations n'apportent aucune contribution à l'interprétation sémantique des phrases... ». Admettons un instant ce modèle.

Si les structures profondes sont touchées, cela se traduira par une atteinte ou une disparition des indicateurs syntagmatiques sous-jacents qui devrait avoir pour conséquences : une disparition de la délimitation des énoncés; une atteinte de l'ordre des mots; une diminution ou une disparition du contenu sémantique de la phrase; une perte des transformations qui portent sur les arbres syntagmatiques sous-jacents, afin de les réarranger en un arbre dérivé final. Par contre, les transformations, qui ne s'appuient pas sur (et ne modifient pas) les arbres syntagmatiques sous-jacents, peuvent subsister. En gros, c'est bien ce que nous observons dans notre groupe d'agrammatiques graves sans gros troubles morphologiques. Le contenu sémantique du message est très pauvre, quand il n'est pas quasi nul ou même sujet à interprétations diamétralement opposées. Le linguiste s'avoue incapable de délimiter les énoncés. L'ordre des mots est perturbé. Les transformations, sans fonction syntaxique (sans réarrangement des arbres sous-jacents), sont conservées, telles la production de contraires morphologiques, la production d'articles. Les transformations entraînant un réarrangement des arbres sous-jacents, négation, subordination sont très atteintes.

Si les structures superficielles seules sont touchées, on attendra, du fait de la conservation des arbres syntagmatiques sous-jacents : une conservation des énoncés qui seront délimitables; une conservation de l'ordre des mots, tout au moins lorsque celui-ci ne résulte pas du réarrangement par transformation de l'arbre sous-jacent; la persistance de la valeur sémantique du message. Par contre, toutes les transformations, même celles qui ne portent pas sur les arbres sous-jacents, seront atteintes. En gros, tel est bien le tableau de notre groupe d'agrammatiques avec gros troubles morphologiques. Le contenu sémantique du message est évident. L'ordre des mots est conservé. La délimitation des énoncés est plus facile. Toutes les transformations sont atteintes, qu'elles ne portent pas sur les arbres sous-jacents (affixes, articles) ou qu'elles conduisent à des indicateurs syntagmatiques dérivés (négation, subordination par conjonctions ou relatifs).

Mais, à pénétrer plus avant dans la description chomskienne, les difficultés deviennent nombreuses. Certaines restent irrémédiables, d'autres sont, au contraire, instructives et illustrent même des contradictions que Chomsky et ses élèves ont essayé de dépasser. Ainsi, si la coordination nécessitait une transformation et, qui plus est, une transformation portant sur les arbres syntagmatiques sous-jacents, on ne comprendrait pas pourquoi elle n'est pas touchée dans l'agrammatisme où elle est même surabondante. Or, ce problème de la coordination-transformation n'est plus tenu pour résolu par l'école chomskienne. On s'est aperçu après coup qu'elle posait encore de nombreuses difficultés. Pourquoi les modalités verbales (marques de conjugaison) sont-elles beaucoup plus touchées chez les agrammatiques sans gros trouble morphologique que les modalités du nom (articles)? La hiérarchie des difficultés grammaticales n'est pas ici seule en cause, puisque dans le groupe des agrammatiques avec gros troubles morphologiques, ces deux types de modalités sont sensiblement touchés à égalité. Dans les deux cas, il s'agit d'une transformation affixe. Faut-il considérer que l'indication temps du verbe, qui figure dans tous les arbres syntagmatiques chomskiens, n'a pas la même valeur que celle de l'article? En fait, dans les deux cas, on a une transformation accord (genre, nombre pour l'article, personne pour le verbe) à laquelle s'ajoute une autre transformation affixe (temps, mode pour le verbe, défini, indéfini pour l'article). Cette dernière n'a certainement pas le même engagement au niveau des indicateurs syntagmatiques dans les deux cas. Preuves en soient, les modifications syntagmatiques qu'entraînent les indications de temps nécessitant l'emploi d'un auxiliaire, par exemple. La modalité du verbe occupe probablement une position intermédiaire entre l'article des langues sans déclinaison et la marque des langues à déclinaison qui réunit une modalité et un fonctionnel.

A vrai dire, cette difficulté non plus n'a pas échappé à Martinet. Car, si dans certains écrits il ne semble voir, dans la production des modalités du verbe, qu'un procédé adjuvant comparable à celui mis en jeu par la production des autres modalités (articles, accord de l'adjectif, etc.), dans d'autres pages, il est tenté d'assimiler, du point de vue fonctionnel, les modalités du verbe aux expansions secondaires.

Si l'on fait retour au modèle chomskien, les difficultés deviennent apparemment insolubles quand on constate que, dans le groupe des agrammatiques avec gros troubles morphologiques, les prépositions sont aussi touchées, sinon plus que dans l'autre groupe. A première vue, l'atteinte des structures superficielles ne saurait l'expliquer, puisque les syntagmes prépositionnels (→ préposition + syntagme nominal) sont inscrits dans les structures profondes. Mais ici encore, comment ne pas se souvenir que, dans les langues à déclinaison, la même fonction est indiquée non par une préposition, mais par une transformation morphologique de la marque du cas. La grammaire générative se veut universelle. Pourquoi dans « urbi et orbi », *i* appartiendrait à la fois aux structures profondes et superficielles, alors que dans « à la ville et au monde », *à* ne relèverait que des structures profondes. D'un autre côté on ne saurait oublier, si critiques que soient à leur égard les chomskiens (Ruwet, par ex.), que des auteurs comme Bally ou Tesniere avaient, déjà avant Martinet, reconnu sous le nom de transposition ou de translation, l'identité fonctionnelle des prépositions et des conjonctions de subordination. Dans les deux cas, le monème fonctionnel change la fonction grammaticale du syntagme, qu'il introduit sans en modifier la valeur sémantique et il exerce une fonction centrifuge sur le reste de l'énoncé. Par ailleurs, les chomskiens connaissent la propriété récursive de la préposition, comme de la conjonction de subordination : « le fils de la sœur de la mère de Jean », — « le bandit qui avait blessé l'homme qui est mort ce matin a été arrêté par la police » (Ruwet). Mais pour eux, la transformation généralisée de subordination réarrange deux indicateurs syntagmatiques sous-jacents pour n'en plus former qu'un. On est donc dans le domaine des structures superficielles. Au contraire, l'addition de syntagmes prépositionnels, bien qu'elle permette les mêmes enchâssements dans un indicateur sous-jacent, appartient aux structures profondes. Ainsi dans « la mère de Pierre prépare une tarte », *de Pierre* fait partie de l'indicateur sous-jacent relevant des structures profondes. Alors que « la mère que j'aime fait du gâteau aux cerises » est le résultat du remaniement de deux syntagmes sous-jacents et résulte d'une transformation. Pour saisir la différence entre ces deux types d'expansion, on est néanmoins en droit de demander si elle n'est pas grossie chez Chomsky par rapport à l'identité de la fonction centrifuge qu'exercent la préposition ou la conjonction de subordination sur le reste de l'énoncé. En tout cas, dans nos deux groupes d'agrammatiques, prépositions et conjonctions de subordination sont touchées, ce qui, si l'on nous suivait, tendrait à démontrer que les monèmes fonctionnels, prépositions comme conjonctions de subordination, sont précisément des éléments communs aux structures profondes et superficielles.

Au total, il nous paraît possible d'admettre que, chez les agrammatiques sans gros troubles morphologiques, ce sont les perturbations syntaxiques proprement dites, relevant des structures profondes de la langue, qui dominent. Au contraire, chez les agrammatiques avec gros troubles morphologiques, ce sont les techniques de transformations en particulier morphologiques relevant des structures superficielles de la langue, qui sont particulièrement perturbées. Il ne faudrait cependant pas voir là deux catégories tranchées, mais plutôt deux pôles de l'agrammatisme qui témoignent d'un certain degré d'indépendance des mécanismes syntaxiques et morphologiques, ou mieux, des mécanismes qui président à l'actualisation des structures profondes et superficielles de la langue au sens de Chomsky. Ces deux pôles sont au syndrome agrammatique ce que sont les troubles phonémiques et sémantiques à la jargonaphasie.

Il nous paraît donc possible de distinguer 3 aspects cliniques de l'agrammatisme :

— *le pseudo-agrammatisme dysprosodique,*

— *l'agrammatisme à prédominance syntaxique,*

— *l'agrammatisme à prédominance morphologique.*

En fait, nous n'innovons pas. On peut trouver ces trois distinctions dans les travaux successifs de Goodglass. Mais cet auteur, trop impressionné à notre sens, par l'importance conditionnante d'une « hiérarchie universelle des difficultés grammaticales » a fini par nier la spécificité des formes qu'il avait décrites, pour ne plus envisager que les perturbations de la grammaire dans l'aphasie en général, dans lesquelles il reconnaît deux facteurs prédominants, prosodique et conceptuel. Nous croyons avoir démontré que ce nihilisme n'est pas justifié.

CHAPITRE VII

Hypothèses physiopathologiques

A. HYPOTHÈSES GÉNÉRALES

Dans les chapitres précédents, nous nous sommes bornés, à la lumière de la linguistique, à décrire des formes de l'agrammatisme et à recenser les arguments qui appuient, ou au contraire contredisent, telle ou telle hypothèse physiopathologique générale. Il est clair que le fait d'observation linguistique, comme tout fait d'observation scientifique, n'est jamais qu'un signe qui tire sa valeur d'une théorie sous-jacente. La théorie linguistique, en tant que telle, ne saurait nous servir d'explication du fonctionnement pathologique du cerveau. L'utiliser à cette fin reviendrait à tomber dans le piège du raisonnement analogique de la plus mauvaise espèce, auquel les associationnistes, par exemple, n'avaient pas su résister. Mais la linguistique peut nous servir de fil directeur dans l'établissement d'une sémiologie, au sens médical du terme, des perturbations du langage. Elle doit nous permettre, comme toute sémiologie digne de ce nom, de passer de la description kaléidoscopique des signes à leur groupement dans des syndromes cohérents, linguistiquement parlant. Et dans la mesure où la linguistique moderne est devenue fonctionnelle, on est en droit d'émettre l'hypothèse, que les syndromes, ainsi découverts ou confirmés, auront une valeur fonctionnelle. Cependant ces derniers n'acquerront une valeur explicative, que s'il est possible de mettre en évidence les mécanismes pathologiques du système nerveux qui en rendent compte. C'est assigner à la linguistique, en aphasiologie, une fonction beaucoup plus modeste, mais beaucoup plus significative que celle qu'hypostasiait le programme de R. Brain.

Pour l'heure, nous croyons avoir démontré que, sur ce plan, l'agrammatisme est une entité valable. Certes, comme les autres troubles de la grammaire d'origine aphasique (dyssyntaxie ou paragrammatisme de l'aphasie de Wernicke), comme la grammaire de l'enfant, etc., il est soumis à la « hiérarchie universelle des difficultés de la grammaire ». Comme pour les déficits précédents, sa structure aussi est en grande partie déterminée par la structure de la grammaire. Mais sa spécificité, tant quantitative que qualitative, reste indéniable. La linguistique corrobore donc la valeur de l'entité clinique, connue sous le nom d'agrammatisme en France, d'agrammatisme moteur selon KLEIST ou d'agrammatisme expressif selon ISSERLIN.

Rappelons que ce syndrome n'apparaît jamais, comme l'a fortement marqué l'un d'entre nous, que dans un contexte clinique très précis. Dans la règle, il est le fait de sujets jeunes, qui sont atteints d'une aphasie de BROCA d'installation brutale d'origine vasculaire ou traumatique. Ces sujets sont donc très habituellement hémiplégiques et présentent beaucoup plus rarement une hémianopsie. L'agrammatisme ne se manifeste jamais comme un trouble initial et n'apparaît jamais dans les détériorations progressives du langage. C'est un aspect spécifique, mais non obligé, de la récupération de l'aphasie de BROCA. Ainsi l'anarthrie pure, même si elle comportait au stade initial une suppression complète du langage, n'est jamais suivie d'agrammatisme. Dans la récupération de l'aphasie de BROCA, il apparaît généralement au décours de la période des stéréotypies verbales, lorsque celles-ci peuvent être réfrénées volontairement et que la disponibilité du vocabulaire augmente. Il n'est pas directement lié au syndrome de désintégration phonétique. Les troubles arthriques de l'agrammatique sont souvent bien moindres que ceux de l'anarthrique en voie de récupération.

Du fait de ce contexte clinique, on a pu se demander s'il n'est pas simplement le produit direct de la réduction du langage de l'aphasique de BROCA grave. ALAJOUANINE, d'une phrase, souligne qu'il n'en est rien. « L'agrammatisme... s'accentuera au fur et à mesure de la récupération du vocabulaire (d'où l'impression de voir l'agrammatisme s'accentuer au cours de la rééducation) ». De plus, il est des aphasiques de BROCA dont le langage est très réduit et qui le reste, sans pourtant négliger les formes grammaticales. L'apparition de l'agrammatisme ne dépend pas non plus de la vitesse de régression des troubles du langage. Si, chez beaucoup de patients vasculaires, il s'observe tardivement après une longue période de stéréotypies verbales, il est fréquent de la rencontrer chez les traumatisés du crâne, quelques jours ou quelques semaines après le début de l'aphasie. Il n'en est pas forcément moins sévère ni moins durable pour autant. La succession habituelle, suppression du langage, stéréotypie verbale, agrammatisme, a pu laisser supposer que ce dernier était une phase obligée de la récupération de toute aphasie de BROCA. S'il n'est pas évident chez tous les malades, pensait-on, c'est qu'il peut n'être que fugace et peu grave. Là aussi,

ALAJOUANINE est très net. Tous les aphasiques de BROCA dont le langage est réduit et « qui récupèrent plus ou moins lentement et plus ou moins partiellement leur possibilité d'expression verbale, rencontrent des difficultés qui se présentent, entre autres, dans l'ordre de l'organisation grammaticale. Discrètes ou passagères, elles ne sont pas rares, mais d'importance accessoire. Tel n'est pas le cas de certains patients, ceci plus particulièrement lors de la régression des stéréotypies verbales ; dans ce cas, *le désordre majeur se présente dans le maniement de la grammaire* [1] ; c'est l'agrammatisme... ».

Au total, il nous paraît certain, que la réduction du langage n'entraîne pas à elle seule l'agrammatisme, mais non moins certain, qu'elle lui tient lieu de condition nécessaire. Il n'y a pas d'agrammatisme sans réduction préalable du langage. Il est des réductions du langage fixées ou régressives sans agrammatisme.

On a pu se demander si la rééducation, dans la mesure où elle entraîne avant tout la récupération du lexique, ne favorise pas l'apparition de l'agrammatisme. Avec les méthodes audio-visuelles modernes qui ne présentent jamais un lexème sans l'inclure dans un énoncé, le nombre de cas qui présentent en cours de rééducation des « difficultés dans l'ordre de l'organisation grammaticale discrètes ou passagères » a nettement diminué. Mais l'agrammatisme vrai existe toujours et garde son pronostic sévère.

Si la réduction du langage est une condition nécessaire de l'agrammatisme, la conception qui veut que ce trouble traduise la réaction du malade à sa détresse verbale, ou encore à sa détresse linguistique, n'est-elle pas justifiée ? Cette théorie a pris deux formes :

1. Déjà KUSSMAUL exprime l'idée que le défaut du mot, s'il est important, entrave la construction des phrases. Cette pseudo-explication, toujours réfutée, renaîtra toujours. La dernière forme qu'elle a prise, nous l'avons rappelé, est celle de l'augmentation du coût d'encodage des signes de la langue. Nous ne reviendrons pas sur les arguments linguistiques, ni sur ceux ressortissant à la théorie de l'« information variété » qui l'invalident sans contestation possible. Déjà KLEIST notait, que la non-disponibilité des lexèmes empêche l'agrammatisme de se manifester. Plus le vocabulaire du patient s'enrichit, plus son agrammatisme devient apparent, d'où la remarque d'ALAJOUANINE, l'agrammatisme paraît s'aggraver en cours de rééducation.

---

[1] C'est nous qui soulignons.

Quant au pseudo-agrammatisme du sujet normal qui parle une langue étrangère, pourquoi incrimine-t-on toujours le déficit de son vocabulaire, plutôt que son manque de maîtrise de la syntaxe?

Déjà Pick faisait référence à Vendryes pour tenter de démystifier ce problème. Pour ce dernier « du jeu d'actions réciproques auxquelles les langues en contact sont soumises, résultent des usures réciproques... Le résultat le plus remarquable est dans la simplification de la morphologie. C'est le cas du sabir des ports de la Méditerranée. Ce sabir résulte d'un mélange de français et d'espagnol, de grec, d'italien et d'arabe. Toutes ces langues ont contribué à la formation du sabir en mettant en commun surtout des faits de vocabulaire : les particularités grammaticales de chacune se sont effacées. La nécessité de converser pour les échanges... a contraint les indigènes à apprendre la langue étrangère. Mais l'apprentissage n'a jamais été complet : il s'est borné aux caractères superficiels de la langue... : l'élément interne du langage, avec ses complications délicates, n'a pas été assimilé par l'indigène ». C'est marquer très nettement : que, tout au moins pour les langues indo-européennes, le caractère de quasi-groupement des structures lexicales permet le passage de l'une à l'autre assez facilement; qu'au contraire, les structures grammaticales étant loin d'être homéomorphes, le passage de l'une à l'autre est beaucoup plus difficile, d'autant qu'il doit être automatisé. Les sabirs éliminent la grammaire, parce qu'elle est trop difficile à assimiler et, il est vrai, en partie superflue.

La comparaison entre sabir et agrammatisme serait donc des plus instructives. Mais, on sait combien la lingua franca est peu et mal attestée. Quant aux pidgins et aux créoles, qui sont moins des mélanges que le résultat de l'adoption par une population du vocabulaire d'une langue étrangère, l'origine de leur grammaire sommaire est des plus controversée : mutilation de la grammaire de la langue dont le lexique a été assimilé ou conservation de la grammaire de la langue de la population d'origine? (P. Perego).

2. C'est certainement Goldstein qui a exprimé avec le plus de cohérence la deuxième forme de « l'hypothèse de la détresse verbale ». Il remarque d'abord que la difficulté à trouver ou à articuler les termes de la langue ne saurait déboucher sur une explication valable. Car il faudrait alors admettre que les mots les plus difficiles sont les termes grammaticaux; ce qui conduirait à une pétition de principe. « Il y a plutôt un choix défini qui consiste à préférer les mots indispensables à ceux qui ne le sont pas et à tirer parti du secours que peut offrir l'ordre syntaxique... ». C'est la même idée qu'exprimait Pick, quand il constatait que l'agrammatique

sacrifie le supposé connu. Pour GOLDSTEIN encore, le « style télégraphique traduit une attitude mentale modifiée, parfaitement définie, qui tend à utiliser au maximum, pour se faire comprendre, la capacité verbale qui a pu subsister ». Ici, la linguistique fournit une réponse non équivoque. Si le style des télégrammes authentiques, d'ailleurs motivé par le coût d'encodage, consiste bien à donner la préférence à la syntaxe positionnelle, il n'en est pas de même dans la production verbale des agrammatiques. KLEIST avait déjà marqué, que l'ordre des mots n'est pas toujours respecté, ce que nous avons retrouvé. L'agrammatique n'utilise pas sa capacité verbale au maximum et ses conduites, bien souvent, sont loin d'être économiques. Il actualise très souvent ses prédicats. Il emploie surabondamment la coordination, seule forme de liaison intersyntagmatique qui peut régulièrement être remplacée par une juxtaposition. Dans les formes sans gros troubles morphologiques, les articles, toujours supprimés dans les télégrammes, sont surabondants. Dans tous les cas, les marques morphologiques, dont l'économie peut régulièrement être préjudiciable à la transmission de l'information (désinence verbale de temps) sont celles qui sont le plus souvent supprimées, alors qu'elles sont généralement conservées dans les télégrammes. Il en va de même pour les monèmes fonctionnels. Si économie il y a, elle porte sur les procédés grammaticaux coûteux et difficiles. L'agrammatique ne préfère pas « les mots indispensables à ceux qui ne le sont pas ». Il utilise facilement les lexèmes (aussi facilement, ou plus facilement, que l'aphasique de Wernicke) et il utilise tous les procédés grammaticaux qui sont encore à sa portée et parfois même d'une façon surabondante. Nosognosique, il évite les tournures compliquées qui l'exposent à commettre des erreurs. On a quelquefois récusé cette opinion, parce qu'il n'est pas de procédés grammaticaux que l'agrammatique ne puisse utiliser à son heure. « Es erweist sich..., dass dem Patienten keine grammatische Möglichkeit grundsätzlich verschlossen ist » (Panse et coll). Nous l'avons dit aussi : pour caractériser un agrammatique, les conservations sont peu discriminatives ; ce sont des manques et des erreurs dont il faut tenir compte. Qu'on nous indique un seul trait aphasique qui n'obéisse pas à cette loi. Faut-il rappeler JACKSON et la dissociation automatico-volontaire; Pierre MARIE, Charles FOIX, battant en brèche la notion de perte des images des mots, parce que les mots, inactualisables pour un temps, le sont en un autre. OMBREDANE, ALAJOUANINE, HÉCAEN et DUBOIS montrent que, dans les troubles arthriques, il n'est pas de phonèmes qui ne soient, à un moment ou à un autre, réalisés exactement. Enfin, et pour clore, il est de rares agrammatiques bavards, chez lesquels la réduction du langage ne porte plus réellement que sur les procédés grammaticaux!

B. PHYSIOPATHOLOGIE DES DIVERS ASPECTS CLINIQUES DE L'AGRAMMATISME

1. *Pseudo-agrammatisme dysprosodique*

Nous avons déjà indiqué pourquoi il convient de sortir cette forme du cadre de l'agrammatisme proprement dit. Reste à examiner à la lumière des données cliniques générales, s'il est vraisemblable qu'il existe une relation de causalité directe entre dysprosodie et troubles de la grammaire non spécifiques de l'aphasie de Broca. Nous l'avons dit : c'est la thèse défendue, avec des arguments de poids, par Goodglass. Une remarque incidente d'Isserlin semble s'inscrire dans la même ligne : « Dans le style télégraphique, seuls les mots accentués fortement sont conservés », et Kleist sait que, s'il y a des agrammatiques chez lesquels la prosodie supplée à l'absence de syntaxe, il en est d'autres qui souffrent d'un trouble de la prosodie. Il en rapproche l'absence de ponctuation dans le langage écrit. Mais il est beaucoup de malades qui présentent de gros troubles prosodiques et qui, en dépit de cela, utilisent la grammaire. Lier causalement dysprosodie et troubles de la grammaire, reviendrait donc à admettre, qu'il existe dans certaines aphasies de Broca, une dysprosodie d'un type particulier. Chez tous nos malades entrant dans cette catégorie, on avait relevé, au cours d'examens cliniques préalables, la présence d'anarthrie dystonique par opposition au syndrome de désintégration phonétique simple, qui existe seul chez les autres. Faut-il voir là le commencement de la preuve demandée. Il nous paraît probable que troubles de la grammaire non spécifiques de l'aphasie de Broca et dysprosodie possèdent un déterminisme commun pour lequel l'anarthrie dystonique indique une voie de recherche possible.

2. *L'agrammatisme vrai et ses deux versants :* dont les troubles répondent à des faits de langue,

    a. l'agrammatisme *à prédominance morphologique,*

    b. l'agrammatisme *à prédominance syntaxique.*

En dépit de l'argumentation linguistique des chapitres précédents, certains hésiteront peut-être à admettre l'existence de ces deux formes. Rappelons d'abord que beaucoup d'auteurs les ont observées avant nous, sans toujours éprouver le besoin de les opposer ou en ayant recours à d'autres explications. Voici des échantillons typiques des deux formes empruntées à la littérature. D'abord deux exemples d'agrammatisme à prédominance morphologique, cités par Alajouanine : « Ah, aujourd'hui, bonne soirée, parler littérature ». « Salle à manger avec papa manquant; maman apporter bouillon avec fille; fils mettre table : la table, chat; enfin sept heures, travail fini ». Puis, un exemple d'agrammatisme à prédominance syntaxique rapporté par MONAKOW et MOURGUE. Il s'agit du récit de la fable d'Esope « le cerf et le loup ». « Cerf un animal. Le cerf et étang une eau. Ramure et la jambe. Le cerf a et loup, le cerf forêt. Le loup et a un cerf. Donne, vis, vis. Cerf a une jambe et ramure »[1].

C'est probablement l'agrammatisme à prédominance syntaxique que GOLDSTEIN avait en vue, quand il décrivait une forme dépendant d'un trouble de l'activité de pensée, d'« un défaut d'ordre de la pensée » se manifestant surtout par une mauvaise ordonnance des formes grammaticales conservées. Déjà ISSERLIN récusait le critère proposé par GOLDSTEIN : ordre des mots perturbé = désordre primaire de la pensée antérieur à sa formulation verbale. Il admettait cependant l'existence d'un pseudo-agrammatisme par déficit de l'élaboration de la pensée, comme l'avait déjà fait PICK. Cette forme pourrait être reconnue à l'absence de liaison sujet prédicat. Ce trait ne nous paraît pas plus caractéristique d'une forme d'agrammatisme que de l'autre. Mais on pourrait facilement comprendre, qu'il ait particulièrement frappé ISSERLIN dans l'agrammatisme à prédominance syntaxique. Ce dernier est souvent constitué par des suites désordonnées de substantifs, dont certains tiennent peut-être lieu de prédicat et dans lesquelles la délimitation des énoncés est impossible. Que dans le processus, qui va du fait de pensée au discours, l'organisation de la syntaxe s'inscrive avant celle de la morphologie, ne paraît pas réfutable, même si l'on n'adhère pas entièrement aux thèses chomskiennes. Mais en déduire que les désordres de la syntaxe répondent à un déficit de pensée antérieur à sa traduction dans le langage, paraît pour le moins osé et ne repose sur aucune constatation objective. Pour être légèrement inférieurs à ceux des autres malades, les résultats des agrammatiques à prédominance syntaxique, dans la partie performance du test de Wechsler ne sont pas significativement différents. Leurs notes standard à « l'arrangement d'image », subtest relativement adéquat pour tester « cette grammaire de la pensée » qu'évoquait GOLDSTEIN, ne sont pas déficientes. Après HARL, nous avons décrit dans l'aphasie en général, un effondrement de ce subtest par rapport aux autres. Les agrammatiques en général et les agrammatiques à prédominance syntaxique en particulier, ne présentent pas ce phénomène. Et, en définitive, est-ce que porter un diagnostic d'agrammatisme ne revient pas à reconnaître sous-jacent à une expression mutilée, un récit cohérent.

[1] Nous avons respecté la ponctuation de la transcription originale des auteurs.

KLEIST décrit parfaitement et avec précision ces deux versants de l'agrammatisme. Mais il n'y voit que des degrés de gravité d'un processus de même nature. A première vue, l'hypothèse est séduisante. Elle ne résiste pas cependant à l'examen des faits. Elle supposerait que soit vraie, la première proposition de l'alternative envisagée par GOODGLASS : dans l'agrammatisme, les troubles morphologiques seraient secondaires aux troubles syntaxiques. Un déficit syntaxique discret, donc peu ou pas apparent, suffirait à entraîner des perturbations morphologiques secondaires (agrammatisme à prédominance morphologique). Plus important, il dominerait le tableau (agrammatisme à prédominance syntaxique). Dans ce système explicatif, on ne saurait comprendre pourquoi, dans la première forme, la maîtrise des oppositions partiellement motivée, morphologique et sans signification syntaxique (connu/inconnu), ainsi que l'usage des modalités centripètes sans fonction syntaxique (articles) sont perturbés. Inversement, si un trouble syntaxique discret suffisait déjà à compromettre l'utilisation de la morphologie sans signification syntaxique, comment comprendre, dans le deuxième groupe, qu'un déficit syntaxique grave la laisse subsister? Les agrammatiques à prédominance syntaxique produisent bien les contraires en opposition morphologique (connu/inconnu) et font un usage abondant d'articles, même s'ils en omettent quelques-uns. C'est donc la deuxième proposition de l'alternative de GOODGLASS qu'il faut admettre. « Chez certains aphasiques, l'aspect syntaxique et l'aspect flexionnel de la grammaire peuvent être atteints indépendamment l'un de l'autre ». Cette constatation, d'ailleurs, n'est-elle pas mieux en accord avec les différences de structure grammaticale des langues? Si syntaxe et morphologie reposaient sur un seul mécanisme physiologique ou sur des mécanismes physiologiques rigoureusement interdépendants, existerait-il de telles différences dans leur mise à contribution d'une langue à l'autre? En latin, la syntaxe positionnelle ne joue presque pas de rôle. L'organisation de l'énoncé repose sur les monèmes fonctionnels et les marques flexionnelles. En français, au contraire, si les monèmes fonctionnels gardent un rôle important, la morphologie n'est quasi plus que redondance et l'ordre des mots devient très significatif.

Aussi, admettre que l'agrammatisme résulte d'une nouvelle attitude mentale du sujet visant à pallier sa « détresse verbale » devient irrecevable. Dans un cas, cette attitude conduirait le malade à faire préférentiellement l'économie des procédés syntaxiques, dans l'autre, l'économie des procédés morphologiques. Il faut donc bien accepter, à tout le moins, que cette opposition entre les deux versants de l'agrammatisme soit déterminée par des faits de langues au sens de SAUSSURE.

Nous n'avons aucune raison d'invoquer, dans un cas, un déficit intellectuel et toutes les raisons, dans l'autre, pour récuser un défaut du mot ou un coût d'encodage augmenté des lexèmes. Faut-il admettre pour autant qu'il existe « une fonction de la grammatisation dans l'organisation fonctionnelle du cerveau, ce qui n'est pas » aime à dire ALAJOUANINE. Ce qui n'est certainement pas, si l'on entend par là une organisation spécifique, dont la fonction se résumerait à « grammatiser le langage ». Ce qui est probablement, si l'on veut dire par là, que la réalisation de la syntaxe et de la morphologie du discours doivent être prises en charge par des organisations fonctionnelles cérébrales différentes, et par leur structure, et par les opérations qu'elles commandent. Mais il est tout aussi probable que les mêmes organisations cérébrales ont la charge d'autres fonctions. C'est par ce biais, que faisant retour de la linguistique à la neuropsychologie générale, on peut caresser l'espoir de mieux cerner les mécanismes, dont le dysfonctionnement détermine l'agrammatisme. Disposons-nous d'indices susceptibles de délimiter des directions de recherches? On ne peut qu'être frappé par la fréquence des troubles de la lecture dans l'agrammatisme (50 % des cas contre 0 % dans l'agrammatisme dysprosodique). Elle est beaucoup plus grande que dans l'aphasie de BROCA banale. A un moment de ce travail, nous nous sommes demandés si l'on ne pourrait pas trouver un dénominateur commun à l'agrammatisme et à l'alexie dans une perte de la capacité de dominer la redondance, les autocorrélations de l'énoncé. Rien dans nos résultats ne vient soutenir cette hypothèse. La morphologie est touchée, qu'elle soit redondante ou non et il semble même qu'elle l'est d'autant moins que plus redondante. En plus des troubles de la lecture, dont la sémiologie devrait être affinée, un sondage nous a montré une perturbation très curieuse. Certains agrammatiques lisent et connaissent la valeur de la suite des nombres de 0 à 9, mais ils se heurtent à des difficultés insurmontables dès qu'ils ont à faire à un nombre de plus d'un chiffre; ainsi, 44 « c'est 4 et 4 ». La valeur que sa position confère au chiffre paraît échapper complètement à certains d'entre eux. S'agit-il d'un trouble spécifique de l'agrammatisme, nous ne saurions l'affirmer, d'autant moins qu'il est des auteurs pour relever que les agrammatiques ne souffrent pas d'acalculie (cas de PITRES en particulier).

D'autre part, si ce que nous croyons avoir observé est exact, à savoir que le principal trouble de l'agrammatisme à prédominance morphologique réside dans un déficit de la grammaire transformationnelle, selon CHOMSKY, il n'est pas impossible qu'on retrouve dans d'autres domaines, cette difficulté à transformer des structures sans modifier les relations des éléments qui les constituent.

Toutefois, quels que soient le ou les déficits qui entraînent ces faits de langue sans lesquels il n'est pas d'agrammatisme dans l'aphasie, il reste que la réduction de l'émission verbale constitue une condition nécessaire à son développement. Nous avons marqué que ni les troubles arthriques, ni le défaut du mot en eux-mêmes n'offrent d'explication satisfaisante. Mais à quel phénomène correspond la réduction de langage de l'aphasique de BROCA? Elle ne se résume pas au déficit articulatoire. Un anarthrique, si important que soient ses troubles d'articulation, ne présente pas de réduction durable du langage. Ainsi, la formule de Pierre MARIE, pour utile qu'elle soit, est trop schématique. L'aphasie de BROCA ne se résume pas à une anarthrie + une aphasie de Wernicke. Pour ALAJOUANINE, le trait le plus caractéristique de l'aphasie de BROCA est le défaut d'incitation volontaire. Comme JACKSON et BAILLARGER l'avaient bien vu, et PICK confirmé, chez ces malades, l'émission verbale n'est facile que lorsqu'elle est automatique. Ainsi, le malade d'ALAJOUANINE cité par OMBREDANE, qui, cherchant désespérément le nom de sa fille, finit par s'écrier : « Hélène aide-moi donc ». Cela est si vrai, qu'après la suppression initiale totale du langage, de nombreux malades voient leur production verbale se limiter à une ou quelques stéréotypies. Ce sont des automatismes à l'état pur. Sempiternelles, elles sont l'aboutissement de toute velléité de parler. Mieux que cela, elles sont souvent inconscientes au moment de leur émission. C'est pour cette raison, entre autres, que JACKSON les a comparées aux propositions mortes du langage de « certains sujets normaux, qui truffent leurs propos d'une même formule toute faite qui étonne ou agace l'auditeur, mais reste inaperçue d'eux » ALAJOUANINE. Or, le pas décisif qui va permettre au malade d'échapper à ses stéréotypies, est précisément la prise de conscience de leur émission et leur freinage volontaire. Celui-ci n'est d'ailleurs que progressif. Les stéréotypies d'une certaine longueur sont d'abord tronquées, puis seulement ébauchées, enfin, complètement réfrénées; l'auditeur attentif ne perçoit plus qu'un mouvement avorté des lèvres. Parallèlement, les premières émissions verbales propositionnelles apparaissent. Elles sont quelquefois immédiatement annexées par l'automatisme et deviennent elles-mêmes des stéréotypies, sur lesquelles le même travail d'inhibition volontaire devra être effectué.

Or, si selon JACKSON, toute l'ontogenèse des comportements évolue du plus automatique vers le plus volontaire, on ne saurait oublier le mouvement inverse. Tout comportement d'organisation complexe, s'il est volontaire dans son intention et dans quelques-unes de ses manifestations, repose sur et intègre une somme énorme d'activités automatiques. Ces dernières, au moment de leur acquisition, ont passé par le stade d'élaboration volontaire, mais avec l'entraînement, elles ont été abandonnées à l'automatisme. Leur asservissement hiérarchisé à l'acte élaboré volontaire est une condition importante de la réalisation de ce dernier. C'est précisément cet asservissement de l'automatique au volontaire qui fait défaut à l'aphasique de Broca. Pour lui, le passage souple d'un niveau à l'autre est impossible. Il est condamné soit à la verbalisation entièrement volontaire, soit à l'automatisme pur.

La grammaire, dans le langage oral en particulier, a précisément ce caractère de fonction automatique, que « le mouvement de la pensée au langage » doit mobiliser inconsciemment, pour que celle-ci se coule dans la formulation verbale. Le locuteur normal éprouve souvent le sentiment de chercher ses mots. Il fait de nombreuses entorses à la grammaire, dont, à moins d'une attention délibérée, il n'est pas ou peu conscient. Sauf dans les classes de rhétorique, on ne cherche pas ses tournures grammaticales et moins encore l'ordre des mots des énoncés qu'on formule. La surprise de Monsieur Jourdain n'en fournit-elle pas la preuve? Or, l'aphasique de Broca, s'il ne veut pas retomber dans ses stéréotypies, est condamné non seulement à la verbalisation volontaire à perpétuité, mais encore à la « grammatisation » volontaire à perpétuité. Ceci explique « ces difficultés... dans l'ordre de l'organisation grammaticale... discrètes ou passagères... », qu'Alajouanine a été le premier à signaler au cours de la rééducation de toute aphasie de Broca.

L'auto-observation suivante, d'un malade d'Isserlin, en fournit une démonstration éclatante. Ce patient rappelle d'abord, qu'il avait perdu les formes grammaticales et qu'il a dû les réapprendre toutes successivement. « Mais quelles difficultés à vaincre pour le malade pour arriver à construire le plus petit bout de phrase, alors qu'une tête saine le fait mécaniquement. La tête malade doit être tout à fait consciente de ce qu'il y a à faire pour parler. Le malade ne peut pas se fier à son oreille. Il doit parfaitement connaître le mot en cause et son articulation, puis essayer l'emploi de l'article, connaître la place des mots isolés, connaître le verbe, s'il se conjugue avec être ou avoir, s'il est actif ou passif, personnel ou impersonnel, singulier ou pluriel, etc. Mais toutes ces manœuvres doivent se suivre et s'enchaîner très vite; aussi se glissent de nombreuses fautes, sans qu'on comprenne pourquoi. C'est la raison pour laquelle, afin d'éviter ces inconvénients, je recours souvent au style télégraphique ».

Qu'au défaut d'incitation volontaire, s'ajoutent des difficultés spécifiques de l'organisation grammaticale et on comprend pourquoi, de transitoires, ces dernières deviennent définitives. Après de très longs efforts de rééducation, le malade qui, lorsqu'il parle posément, parvient à faire de courtes phrases correctes, retombe, dès que la conversation s'anime, dans l'agrammatisme. S'il est vrai que cette dissociation existe pour tous les déficits aphasiques, elle est particulièrement spectaculaire dans l'agrammatisme.

Au total, nous croyons que la réduction préalable du langage est une condition nécessaire au développement de l'agrammatisme. Elle compromet l'équilibre des composantes automatiques et volontaires du langage. Mais à cette condition nécessaire doivent s'ajouter des perturbations fonctionnelles compromettant l'utilisation des procédés syntaxiques ou morphologiques de la grammaire pour qu'un agrammatisme vrai et durable s'instaure. Les mécanismes pathologiques, qui sous-tendent la dysprosodie, augmentent les difficultés « dans l'ordre de l'organisation de la grammaire » que présentent tous les aphasiques de Broca et produisent un pseudo-agrammatisme.

On doit enfin envisager l'agrammatisme d'un point de vue plus strictement neurophysiologique. Ceci exige une explication préalable.

Quand on décrit les étapes, voire les règles de l'organisation d'une fonction psychologique quelconque, ou de sa désorganisation, on analyse avec plus ou moins de profondeur la structure de cette fonction qui est, finalement, l'aboutissement et le résultat de l'activité globale du cerveau. Quand on parle de neurophysiologie, on s'attache à l'organisation et aux modalités d'activité des systèmes matériels — ensembles et sous-ensembles qui traitent et élaborent des informations codées en patterns physico-chimiques, transfert de ces informations, systèmes d'activation et d'inhibition, etc. — qui entrent en jeu pour assurer telle ou telle fonction psychologique. Il existe, évidemment, une correspondance entre ces deux réalités de l'activité nerveuse; mais celle-ci est grossière, et l'on ne peut transposer purement et simplement ce qui est un résultat fonctionnel en des termes de mécanismes qui produisent ce résultat. Sans recourir à une comparaison simple, mais vraie, ce serait confondre la « fonction » d'une machine électronique et les « éléments physiques » (avec leur mode d'agencement) qui en permettent la réalisation.

Ceci est aussi vrai de l'activité normale du cerveau que de ses activités pathologiques. Plus précisément, la lésion cérébrale frappant tels ou tels points d'un ou de plusieurs systèmes désorganise la ou les fonctions à l'élaboration desquelles ceux-ci participent : le comportement pathologique que l'on recueille est un tout où se mêlent la perte, la perturbation et la conservation de certaines activités physiologiques. Il n'est pas simple d'identifier ces composantes et de ne pas être dupe de l'apparence en la considérant comme une entité et comme le témoignage du trouble fondamental. Il est possible qu'en isolant l'agrammatisme comme une entité neuropsychologique et qu'en lui attribuant deux pôles distincts, on risque cette erreur. Peut-on alors tenter d'aller plus avant dans l'interprétation neurophysiologique de l'agrammatisme? De ce point de vue, deux faits sont essentiels : 1) les agrammatiques sont tous atteints d'une aphasie, et

même d'une aphasie sévère si on la juge sur les productions orales et écrites des patients. De ce fait, comme dans la plupart des aphasies sévères, les mécanismes qui régissent l'organisation grammaticale sont touchés. Et, supposons, ce qui est probable, que ces mécanismes siègent dans la région temporo-pariétale postérieure, c'est-à-dire qu'ils sont touchés de la même manière dans l'agrammatisme et dans les aphasies de Wernicke. Dans leurs activités plus fines, qu'il y ait des mécanismes quelque peu distincts pour la morphologie et la syntaxe, ou que le modèle chomskien s'approche de la réalité physiologique ne s'oppose pas à cette hypothèse.
2) Le deuxième fait consiste dans la réduction des activités expressives, dont la constance a été soulignée à maintes reprises dans cet ouvrage, et dont la spécificité physiologique a paru tellement nette que l'un de nous, avec Th. ALAJOUANINE, l'a considérée comme le 3e terme de l'équation de Pierre MARIE (Aphasie de BROCA = anarthrie + réduction du langage + aphasie de Wernicke). Sans nul doute, cette réduction dans sa sémiologie à tous les moments de son évolution, qu'elle soit régressive ou non, évoque un processus physiologique d'inhibition qui serait libéré, ou du moins résulterait de la lésion cérébrale ; celui-ci s'opposerait à l'actualisation des multiples systèmes physiologiques qui sont la base matérielle des systèmes linguistiques. Ajoutons, qu'à l'opposé, dans beaucoup de cas d'aphasie de Wernicke, la logorrhée incontrôlée évoque la levée de mécanismes normaux d'inhibition.

Ceci admis, l'agrammatisme pourrait être compris comme la combinaison de deux perturbations fondamentales : l'une, commune à beaucoup d'aphasies, touchant les mécanismes de la syntaxe, l'autre consistant dans l'inhibition des processus d'actualisation linguistique. En ce cas, l'aspect de « réduction du langage » appartiendrait spécifiquement à l'agrammatisme, tandis que les divers troubles de la grammaire ressortiraient à l'aphasie, mais le facteur réduction leur donnerait une apparente et trompeuse personnalité. En faisant varier ces deux facteurs, on comprendrait les formes cliniques qui ont été étudiées : en premier lieu, les réductions sans trouble, sans agrammatisme, parce qu'en pareil cas, la lésion n'a pas touché dans les régions temporo-pariétales les mécanismes nécessaires à la construction grammaticale ; en second lieu, les deux pôles de l'agrammatisme qui ne seraient que le reflet de la désorganisation de ces mécanismes ; enfin, les dyssyntaxies de l'aphasie de Wernicke qui se présentent sous une forme exubérante parce que le facteur d'inhibition non seulement n'intervient pas, mais laisse place à un facteur de libération qui permet aux dislocations des mécanismes d'organisation grammaticale de se manifester avec abondance. Cette conception, on le voit, est uniciste en ce sens qu'elle considère les mécanismes physiologiques de la grammatisation comme un ensemble et qu'elle ne les scinde pas en deux : ceux dont les troubles entraîneraient l'agrammatisme expressif et ceux dont les troubles entraîneraient l'agrammatisme impressif; distinction qui, du point de vue physiologique, est d'ailleurs difficile à accepter. En outre, loin de mettre en cause des systèmes en partie différents pour la morphologie et la syntaxe, elle en souligne l'intérêt puisqu'une pareille différentiation semble apparaître aussi dans les dyssyntaxies de l'aphasie de Wernicke.

BIBLIOGRAPHIE

AJURIAGUERRA J. de, REGO A., RICHARD J., TISSOT R., *Psychologie et Psychométrie du vieillard*, Confrontations psychiatriques, 1970, *5* p. 27-37.

ALAJOUANINE Th., *L'Aphasie et le langage pathologique*, Paris, J.-B. Baillière & Fils, éd. 1968, 358 pages.

ALAJOUANINE Th., CASTAIGNE P., LHERMITTE F., ESCOUROLLE R., RIBAUCOURT B. de., *Étude de 43 cas d'aphasie post-traumatique*, Encéphale, 1957, *46*, 1-45.

ALAJOUANINE, Th., LHERMITTE, F. : *Aphasia and Physiology of Speech, Disorders of Communications*, Vol. XLI : Research Publications, 1964, 204-219.

ALAJOUANINE Th., LHERMITTE F., *Les désorganisations des activités expressives du langage dans l'aphasie*, Encéphale, 1963, *52*, 5-45.

ALAJOUANINE, Th., LHERMITTE, F. : *Les troubles des activités expressives du langage dans l'aphasie. Leurs relations avec les apraxies*. Revue Neurologique, 1960, *102*, 66-91,

ALAJOUANINE Th., OMBREDANE A., DURAND M., *Le syndrome de désintégration phonétique dans l'aphasie*, Masson & Cie, Paris, 1939, 138 pages.

ALARCOS LLORACH E., *L'acquisition du langage par l'enfant*. In : Le Langage : Encyclopédie de la Pléiade p. 325-64, Gallimard Éd. Paris, 1968, 1 vol., 1525 pages.

AUTESERRE F., *Le Style télégraphique* : Essai de description d'après la Syntaxie d'André Martinet, Mémoire de maîtrise d'Aix-Marseille, 1967, 1 vol., 84 pages.

BAILLARGER J., *Recherches sur les Maladies mentales*, Masson Éd. Paris, 1890.

BALLY C., *Linguistique générale et Linguistique francaise*, Francke Éd. Berne, 4e éd. 1965, 1 vol., 440 pages.

BERKO J., *The Child's Learning of English Morphology*, Word, 1958, *14*, 150-77.

BINET A., *Étude expérimentale de l'intelligence*, Schleicher Éd. Paris, 1903, 1 vol.

BONHOEFFER K., *Zur Klinik und Localisation des Agrammatismus und der Rechts-Links-Desorientierung*, Monatschrift für Psychiatrie und Neurologie, *54*, 1923, 11-42.

Brain R., *Statement of the Problem*, In : Desorders of Language. In : A. CIBA Foundation Symposium, p. 5-13, Churchill edit., London, 1964, 1 vol. 356 p.

Brown R., Berko J., *Word Association and the Acquisition of Grammar*, Child Developm., 1961, *31*, 1-14.

Chomsky N., *Syntactic Structures*, Mouton & Co, edit., La Haye, 1957, 1 vol. 116 p.

Chomsky N., *Aspects of the Theory of Syntax*, Cambridge Mass. : The M.I.T. Press, 1965, 1 vol., 251 p.

Cohen D., Hécaen H., *Remarques neuro-linguistiques sur un cas d'agrammatisme*, J. Psychol. norm. path. Paris, 1965, *62*, 273-96.

Dejerine J., *Sémiologie des affections du Système nerveux*, Masson éd. Paris, 1914, 1 vol., 1212 p.

Dordain G., *Contribution à l'étude neurolinguistique de l'aphasie*, Analyse comparative des performances grammaticales de 28 aphasiques, dont 14 agrammatiques. Thèse de Paris, 1967. Copedith Paris Éd. 1 vol. 99 p.

Dubois J., Marcie P., *Terminologie linguistique*, Français Moderne, 1965, T. XXXIII, p. 22.

Dubois J., Marcie P., Hécaen H., *Description et classification des aphasies*, Langages, 1967, *5*, 18-36.

Dubois J., *La Neurolinguistique*, Langages, 1967, *5*, 6-17.

Forster E., *Agrammatismus (erschwerte Satzfindung) und Mangel an Antrieb nach Stirnhirnverletzung*, Mschr. Psychiat. Neurol., 1919, *46*, 1-43.

Goldstein K., *Language and Language Disturbance*, Grune and Stratton edit., New York, 1948, 1 vol., 347 p.

Goldstein K., *Ueber Aphasie*, Arch. Suisses Neurol. Psychiat., 1926, *19*, 3-38, 292-322.

Goldstein K., *L'analyse de l'aphasie et l'étude de l'essence du langage*, J. Psychol. norm. path., Paris, 1933, *30*, 430-496.

Goldstein K., *Die Störrungen des Grammatik bei Hirnkranken*, Mschr. Psychiat. Neurol. 1913, *36*.

Goodglass H., *Studies on the grammar of aphasics in Developments in applied psycholinguistics research*, Rosenberg S. Koplin J., Macmillan, New York, 1968.

Goodglass H., Berko J., *Agrammatism and inflectional morphology in English*, J. Speech Hearg Research, 1960, *3*, n. 3, p. 251-267.

Goodglass H., Fodor I., Schlulhoff C., *Prosodic Factors in Grammar. Evidence from Aphasia*, J. Speech Hear. Research, 1967, *10*, 5-20.

Goodglass H., Hunt J., *Grammatical Complexity and Aphasic Speech*, Word, 1958, *14*, 197-207.

Goodglass H., Mayer J., *Agrammatism in Aphasia*, J. Speech Hear. Dis., 1958, *23*, 99-111.

Harl J. M., *Contribution à l'étude de l'intelligence non verbale chez les aphasiques*, Thèse, Paris, 1954.

Head H., *Aphasia and kindred Disorders of Speech*, Cambridge Un. Press, London, 1926.

HÉCAEN H., ANGELERGUES R., *Pathologie du langage.* — *Les Aphasies*, Larousse Éd. Paris, 1965, 1 vol., 200 p.

HÉCAEN H., DUBOIS J., ANGELERGUES R., VEDRENNES C., MARCIE P., *Comparaison neuro-linguistique et neuro-psychologique de 2 observations anatomo-cliniques d'Aphasie*, Rev. Neur., 1964, III, 401-414.

ISSERLIN M., *Über Agrammatismus*, Z. ges. Neurol. Psychiat., 1922, 75, 322-410.

ISSERLIN M., *Aphasie*, In : Bumke und Foerster. Handbuch Neurol. Springer Ed· Berlin, 1936. T VI, p. 627-806.

JACKSON J. H., *Selected Writing of*, Ed. by J. Taylor, London, Hodder and Stroughton, 1932.

JAKOBSON R., *Essais de linguistique générale*, Éd. de Minuit, Paris, 1963, 1 vol.

JAKOBSON R., *Towards a Linguistic Topology of Aphasic Impairments*, In : Disorders of Language, 21-47, A CIBA Foundation Symposium Churchill edit., London, 1964, 1 vol. 356 p.

JAKOBSON R., HALLE M., *Fundamentals of Language. Part. 2, Two Aspects of Language and two Types of Aphasic Disturbance*, Mouton, edit., La Haye, 1956, 1 vol. 87 p.

KLEIST K., *Gehirnpathologie*, Barth, édit., Leipzig, 1934, 1 vol., 1408 p.

KLEIST K., *Über Leitungsaphasie*, Mschr. Psychiat. Neurol., 1905, 17, n. 6.

KÜSSMAUL A., *Les troubles de la parole*, Trad. française, Baillière Éd. Paris, 1884, 1 vol. 375 p.

LHERMITTE F., *Sémiologie de l'aphasie*, Rev. Praticien, 1965, 15, 2255-2292.

LURIA A. R., *Factors and Forms of Aphasia*, In : Desorders of Language, p. 143-166. In : A CIBA Foundation Symposium. Churchill edit., London, 1964, 1 vol., 356 p.

MALRIEU Ph., *Formes du verbe chez le jeune enfant*, J. Psychol. morm. path., Paris, 1964, 61, 385-404.

MARTINET A., *Éléments de linguistique générale*, Colin édit., Paris, 1961, 1 vol., 224 p.

MARTINET A., *Quelques traits généraux de la syntaxe*, Free University Quarterly, 1960-61, VII, 115-129.

MARTINET A., *Langue et fonction*, Denoël édit., Paris, 1969, 1 vol., 197 p.

MONAKOW C. von., *Gehirnpathologie*, Hölder Ed. Wien, 1897, 1 vol., 924 p.

MOUNIN G., *Les problèmes théoriques de la traduction*, Gallimard édit., Paris, 1963, 1 vol., 297 p.

MOUNIN G., *Étude linguistique de l'agrammatisme*, La Linguistique, 1967, 2, 15-26.

MOUTIER F., *L'aphasie de Broca*, Steinheil éd. Paris, 1908, 1 vol., 774 p.

NOIZET G., PICHEVIN C., *Organisation paradigmatique et syntagmatique du discours : une approche comparative*, Année psychologique, Paris, 1966, 66, 91-110.

OMBREDANE A., *L'aphasie et l'élaboration de la pensée explicite*, P.U.F., Ed. Paris, 1951, 1 vol., 440 p.

PANSE F., KANDLER G., LEISCHNER A., *Klinische und Sprachwissenschaftliche Untersuchungen zum Agrammatismus*, Georg Thieme, édit. Stuttgart, 1952.

Perego P., *Les sabirs, les créoles*, In : Le Langage, encyclopédie de la Pléiade. Gallimard Ed. Paris, 1968, 1 vol., p. 597-620.

Pick A., *Die agrammatischen Sprachstörungen*, Springer Ed., Berlin, 1913, 1 vol.

Pick A., *Sprachpsychologische und andere Studien zur Aphasielehre*, Schweiz. Arch. Neurol. Psychiat., 1923, *12*, 105-135, 179-200.

Pitres A., *L'aphasie amnésique et ses variétés cliniques*, Progrès méd. 1898, 7, n. 28, 17-23.

Ruwet N., *Introduction à la grammaire générative*, Plon édit., Paris, 1967, 1 vol., 448 p.

Sabouraud O., Gagnepain J., Sabouraud A., *Aphasie et linguistique*, Rev. Praticien, 1965, *15*, 2335-2343.

Salomon E., *Motorische Aphasie mit Agrammatismus und sensorisch agrammatischen Störungen*, Mschr. Psychiat. Neurol., 1914, *35*, 181-208, 216-275.

Saussure F. de, *Cours de linguistique générale*, Payot, édit., Paris, 1949, 1 vol. 331 p.

Tesnieres L., *Éléments de syntaxe structurale*, Klincksieck, édit., Paris, 1959, 1 vol., 670 p.

Tissot R., *Neuropsychopathologie de l'aphasie*, Masson & Cie, édit., Paris, 1966, 1 vol., 114 p.

Vendryes J., *Le langage, introduction linguistique à l'histoire*, A. Michel Éd., Paris, 1968, 1 vol., 444 p.

Wepman J. M., Bock R. D., Jones L., van Pelt D., *Psycholinguistic Study of Aphasia : a Revision of the Concept of Anomia*, J. speech Hear. Dis., 1956, *21*, 468-477.

INDEX ALPHABÉTIQUE DES AUTEURS ET DES MATIÈRES

A

Accords (manque des), *24*, *57* 60, *61*, 71.
Actualisateur du prédicat, 34 35, *49*, 58.
Agrammatisme à prédominance morphologique, 73-98, 105, *112-118*.
Agrammatisme à prédominance syntaxique, 73-98, 105, *112-118*.
Agraphie, 98.
AJURIAGUERRA J. de, 19.
Akataphasie, 5.
ALAJOUANINE Th., 5, 7, *17 et suivautes*, 67, 70, 98, *108*, *109*, 111, 112, 115, *116*, 117.
ALARCOS-LLORACH E., *71 et suivantes*.
Alexie, 98, 115.
Amnésique (aphasie) 5, 7.
Anacoluthes (pathologiques), 9, 13.
Anarthrie dystonique, 98, 112.
Anarthrie pure (P. MARIE), 108, 116.
ANGELERGUES R., 23, 24, 26,.
Arthriques (troubles), 9, 67, 72, 91, 98, 108, 116.
Associationnisme (association), 6, 7, 10, 11.
Autocorrélations du langage, *21*, 30, 66, 115.
Autonomes (monèmes), 31, *34*, 35, 43, *51*, 59, 101.

B

BAILLARGER J., 116.
BALLY C., 104.
BERKO J., 30, 31, 70.
Bewustseinanlagen (attitude de conscience), *10*, 14.
BINET A., *10*.
BONHOFFER K., 7.
BRAIN R., 5, *19*, 66, 107.
BROCA (aphasie de), 5, 7, 17, 20, 72, 100, 108-109, 111, 112, 115-117.

C

Centrifuge (fonction des morphèmes), *36*, 104.
Centripète (fonction des morphèmes), *36*, 114.
CHOMSKY N., *102-105*, 113, 115.
COHEN D., 21, 22, 23, 24, 25, 26.
Collection (dénomination d'une), 32, 43.
Connu (pré ou supposé), 11, 18, 111.
Contiguïté et contraste (fonction de), *20*, 43, *66*.
Coordination, 37, *51,* 66, 103, 111.
Corrélations entre résultats, 39, *68-70*, *88-94*.
Coût d'encodage, 20, 32, 65, 109, 111, 115.
Créoles, 110.

D

Défaut du mot. Déficit lexical, 9, 12, 13, 43, 109, 110, 115, 116.
Définition de l'agrammatisme, 5-18.
Définitoires (traits de l'agrammatisme), 20-27, 61-63.
DEJERINE J., 5, 6, 7.
DELEUZE, 6, 7.
Délimitation des énoncés, *24*, 29, 38, 94, 95, 102, 113.
Denkpsychologie (psychologie de la pensée, école de Wurtzbourg), 6, 10, 11, 14.
Détermination grammaticale (fonction de), *36*, 37, *54-58*, 61, 64, 70, 71, 86, 94, 111.
Détresse verbale, *13*, 16, 20, 32, 65, 109-111, 114.
DUBOIS J., *21-24*, 26, 64, 111.
DURAND M., 67.
Dynamique (aphasie), 14.
Dysorthographie, 98.

Dysprosodie, 8, *21*, 71, 76, 91, *96*, 98, 100, 112, 118.
Dyssyntaxie, 17, 107.

E

Économie, 13, 16, 20, 43, 65, 91, 93, 111, 114.
Einstellung (montage), *10*, 14.
Examen (formulaire d'), 29-33 et annexe.
Expansions primaires, *36, 49, 50*, 59, 66, 102-104.
Expansions secondaires, *36, 49, 50*, 59, 66, 102-104,.
Expressif (agrammatisme), 15, *16 et suivantes*, 108.

F

Flexion (abolition de), 8, 13, 16, 17, *23*, 24.
Foix Ch., 5, 111.
Fonctionnel (Monèmes), 31, *34, 36*, 38, 41, 51-55, 59, 71, 77, 86, 91, 93, 95, 97, 101-103, 105, 111, 114.
Forme (psychologie de la) (Gestalt), 6, 10.
Forster E., *14*.

G

Gagnepain J., 25.
Goethe J. W., 10.
Goldstein K., *6*, 8, 9, *12 et suivantes*, 15, 20, 110, 111, 113.
Goodglass H., 6, 17, *21*, 26, 30, 31, 60, 66, 70, 100, 105, 112, 114.
Grammaire générative (Chomsky), 102-105.

H

Harl J. M., 113.
Head H. 20.
Hécaen H., 6, *21-26*, 30, 111. 98.
Hiérarchie des difficultés de la grammaire, 66, 67, 70, 103, 105, 108.
Histoire (de l'agrammatisme), 5-18.

I

Impressif (agrammatisme), 14, 15.
Incitation volontaire (défaut de), 17, 116, 117.
Indicateur (arbre) syntagmatique, 102, 103, 104.

Infinitif (verbes à l'), 6-8, 16, 17, *23, 59*' 61, 71, 77, 86.
Interrogation, 50, 60.
Isserlin M., 6, 9, *14 et suivantes*, 18, 22, 23, 24, 61, 70, 108, 112, 113, 117.

J

Jackson J. H., 6, 10, 12, 14, 26, 111, 116.
Jakobson R., 6, *20*, 21, *23-25*, 38, 43, *66, 71*, 95, 96.

K

Kleist K., 5, 6, *8 et suivantes*, 12, 13, 15, 16, 18, 20, 108, 109, 111, 112, 96, 114.
Küssmaul A., *5*, 6, 64, 109.

L

Lexèmes, 34, 65, 109, 111.
Lexèmes (réduction de l'énoncé aux lexèmes), *23*.
Lhermitte F., *22-24*, 26.
Linguistique, 19, 22, 107, 111, 112, 115.
Luria A. R., 14, 20.

M

Mann Th., 10.
Marie P., 5, 111, 116.
Martinet A., 31, *34 et suivantes*, 62, 68, 101, 103, 104.
Modalités, *36*, 41, 54-59, 77, 86, 91, 102, 103, 111, 114.
Monakow C., 7, 113.
Monorhématique (énoncé), 25, 63, 66, *95*.
Morphèmes, *34*, 64, 65, 66, 91, 94, 100.
Morphologie, 5, 13, 21, *30*, 73, 93, 94, 96, 103, 102, 105, 113, 114.
Morphologiques (contraires), *30*, 43, 73, 76, 88, 91, 93, 98, 102.
Morphologiques (dérivés), *30*, 41, 77.
Morphologiques (marques), 30, *37*, 41, 59, 77, 89, 91, 93, 111.
Moteur (agrammatisme), 8, *9*, 12, 15, 16, 18, 20, 108.
Mots outils (outils du langage) (absence de), 13, 17, *21*, 22, 61.
Mourgue R., 113.
Moutier F., 5.
Mutisme, 13.

N

Négation, 50, 77, 103.
Nègre (parler ou petit), 6, 7, 24.
Néologismes (identification de la fonction de), *31*, 41, 68, 88, 91, 93.
Neuropsychologie, 115.
Nominale (aphasie), *65*.

O

OMBREDANE A., 5, 7, 10, 67, 111, 116.
Opposition lexicale non motivée, 30.
Opposition proportionnelle motivée, 30, 114.
Ordre des mots, 5, 8, 9, 12, 13, 15, 16, 26, 31, *34*, 50, 59, 63, 64, 77, 95, 97, 101, 102, 113, 114.

P

PANSE F., 6, 111.
Paradigme (dénomination d'un), 32, 43.
Paragrammatisme, *9*, 12, 13, 15, 16, 107.
Passif, .60
PEREGO P., 110.
Phonologie, 100.
Phonétique (syndrome de désintégration), 67, 72, 98, 108, 112.
Physiopathologie (Hypothèses), *20*, 65-66, 107-118.
PIAGET J., 10, 67.
PICK A., 4, 6, 8, *10-12*, 13, 70, 110, 113, 116.
Pidgins, 24, 110.
PITRES A., 5, *6*, 7, 115.
Port Royal (Grammaire générale), 6.
Prédicats, 23, *35*, *49*, 58, 113.
Prosodie, 8, 21, *26*, *38*, 71, 98, 101, 105, 112.
Pseudo-agrammatisme, 11, 12, 15, 110, 113.
Pseudo-agrammatisme dysprosodique, *73-98*, 100, 105, *112*, 118.
Psychologisants (cliniciens), 5, 9, 14.

R

Récursive (fonction), 104.
Redondance, *21*, 30, *37*, *66*, 102, 104, 114, 115.
Réduction du langage, 7, 9, 17, 108, 109, 115-118.
Rééducation, 17, 108, 109.
RUWET N., 102-104.

S

Sabirs, 24, *110*.
SALOMON E., 9, 14, 15.
SAUSSURE F. de, 20, 30, 34, 65, 73, 101, 114.
Sémantique, 102, 103.
Spatio-temporelles (perturbations dans l'agrammatisme), *20*, 65.
STEINTHAL, 5.
Stéréotypies (verbales), 9, 17, *25*, 26, 63, 108, 109, 116.
STERN, 11.
Structures profondes (CHOMSKY), *102, 105*.
Structures superficielles (CHOMSKY), *102-105*.
Substitut (fonction de), *36*, 66.
Suppression complète (du langage), 9, 17, 98, 108, 116.
Syntaxe, 5, 8, 13, 16, 21, *30*, 70, 93, 96, 101, 104-105, 113-115.
Syntaxe de l'enfant, 11, 18, 70-71, 107.
Syntaxe de la pensée, *12*, 113.
Syntaxe fonctionnelle de MARTINET, 31, 34-38, 101.

T

Télégraphique style, 5, 7, 8, 9, 11-13, 16, 18, 24, 61-63, 94, 111, 112, 117.
TESNIÈRE L., 104.
Transformations (CHOMSKY), *102-105*.
Translation (TESNIÈRE), 104.
Transposition (BALLY), 104.
Traumatisme, 8, 98, 108.

V

VENDRYES J., 110.

W

WALLON, 10.
WECHSLER (test de), 65, 113.
WEPMAN J. M., 65.
WERNICKE, 5.

FORMULAIRE D'EXAMEN DES AGRAMMATISMES EXPRESSIFS

1. RÉCITS ENREGISTRÉS

    Consigne : Faire parler le malade aussi abondamment que possible sur les thèmes suivants. Toutes les facilitations sont autorisées puisqu'elles sont enregistrées.

    a) récit de la maladie

    b) récit de la profession

    c) récit du chaperon rouge

    d) récit sur la série d'images du ballon rouge.

    Le récit est demandé avec les images sériées exactement devant le malade.

2. LECTURE ENREGISTRÉE du texte de TERMAN : Un incendie à Paris.

3. OPPOSITIONS LEXICALES ISOLÉES ET MORPHOLOGIQUES

    a) *Contraires*. Présentation orale.

    Consigne : « Donnez-moi le contraire de ... » peut être variée à l'infini pour faire comprendre au malade ce que l'on attend de lui.

    Notez d'un + les réponses attendues.

    Consigner intégralement toutes les autres.

    Pour les 3 premiers contraires, si le malade ne trouve pas ou donne une réponse erronée, la réponse exacte lui est indiquée.

    Pour les malades qui ont beaucoup de difficultés, des facilitations sont autorisées. Elles doivent être de même nature pour tous les items : répétition, inclusion dans un contexte, etc. Seule l'ébauche orale doit être évitée. Les facilitations doivent être notées pour chaque item.

1	utile	18	se lever	35	habiller
2	faux	19	charger	36	heureux
3	bruit	20	croyable	37	hiver
4	boucher	21	bien	38	beaucoup
5	allumer	22	vivre	39	possible
6	gros	23	triste	40	envers
7	ordinaire	24	grand	41	faible
8	couvrir	25	faire	42	visser
9	fermer	26	commencer	43	jeune
10	commencement	27	dessous	44	acheter
11	mauvais	28	chance	45	propre
12	honnête	29	riche	46	chaud
13	reposé	30	lisible	47	boutonner
14	devant	31	premier	48	en bas
15	plaire	32	fatigable	49	plier
16	capable	33	nuit	50	connu
17	oui	34	sortir		

b) *Métiers et lieux où ils sont exercés :*

Consigne : Où travaille le boulanger? Ici aussi la consigne peut être variée et répétée jusqu'à ce que le malade ait compris ce qu'on attend de lui.

1	boulanger	10	bijoutier	18	instituteur
2	cuisinier	11	acteur	19	mercière
3	épicier	12	fermier	20	mineur
4	marin	13	infirmier	21	lieutenant
5	charcutier	14	pilote	22	imprimeur
6	médecin	15	libraire	23	journaliste
7	teinturier	16	clown	24	vendeuse
8	jardinier	17	postier	25	maire
9	pâtissier				

4. DÉNOMINATION SUR IMAGE D'OBJETS CONSTITUANT UN PARADIGME OU UNE COLLECTION

Consigne : « Qu'est-ce que c'est que cela »? Les facilitations sont autorisées, (répétition, par le contexte, etc.)

sauf l'ébauche orale et *l'emploi d'un mot à même radical* (par exemple, le châtelain habite dans un ...)

a) *paradigme demeure*

1	château	3	tente	5	nid
2	maison	4	cage	6	terrier

b) *Collection du couvert*

1	assiette	3	cuiller	5	fourchette
2	verre	4	couteau	6	serviette

Dénomination	Phrases
3. jouer	
4. couper	
5. arroser	

d) *Phrases à construire et à compléter d'après un modèle.*

Consigne : Les phrases sont lues avec le malade, le modèle ou la phrase à compléter restant devant le malade.

— L'enfant choisit des livres.

1. Poule trouver grains.

2. Convives manger poulet.

— La maman appelle ses enfants.

3. Peintre préparer couleurs.

4. Ennemis détester adversaires.

5. Le maçon bâtit une ....

6. Les chiens mangent .... os.

7. Le .... punit l'élève.

8. Le chat .... une souris.

9. Pierre enfile .... veston.

10. La chatte allaite .... petits.

b) *Trouver le verbe dont on mime l'action et faire une phrase contenant ce verbe.*

Consigne : « Qu'est-ce que je fais »?

Noter par + les verbes donnés à l'infinitif, consigner toutes les autres formes et toutes les autres réponses dans la colonne dénomination.

Puis : « Faites une phrase avec le verbe boire ». Consigner tout ce que le malade dit dans la deuxième colonne. Facilitation comme sous a) mais ne plus donner du tout de modèle de phrase.

Dénomination	Phrases
1. boire	
2. se brosser les dents	
3. applaudir	
4. fumer	
5. manger	

c) Trouver un verbe par image et une phrase avec chacun de ces verbes. (Images Enfants de Paris).

Consigne : « Qu'est-ce qu'il (ils, elle) fait (font) »? « Indiquez-moi ce qu'ils sont en train de faire. » « Est-ce qu'ils sont en train de manger? Non, eh bien, qu'est-ce qu'ils font »?

Noter par + dans la première colonne le verbe donné à l'infinitif. Consigner toutes les autres réponses. Puis « Faites-moi une phrase avec le verbe danser ». Facilitation comme sous b).

Dénomination	Phrases
1. danser	
2. repasser	

5. AUGMENTATION DU COÛT D'ENCODAGE (DÉTRESSE VERBALE)

La difficulté de faire des phrases est-elle liée à celle de disposer de mots isolés?

a) dénommer les objets suivants sur images, puis faire une phrase avec chaque substantif.

Consigne : Devant l'image cravate : « Dites-moi ce que c'est »? Noter le mot attendu par + dans la première colonne, consigner toutes les dénominations fausses ou inexactes. Puis répéter le mot, ou donner le mot en disant : « Faites-moi une phrase avec le mot cravate ». Transcrire tout ce que dit le malade dans la deuxième colonne.

Toutes les facilitations sont possibles pour la dénomination, *sauf l'ébauche orale*. Pour la construction de phrases, un modèle peut être donné pour la première phrase, par exemple « s'il s'agissait du mot collier, vous pourriez dire : les chiens portent un collier ». Ultérieurement, il ne faut plus donner de modèle de phrase.

Dénomination	*Phrases*
1. cravate	
2. clef	
3. feu	
4. chat	
5. pain	
6. nid	
7. soulier	
8. plume	
9. auto	
10. pomme	

— Paul achète un livre à Pierre.

11. Paul donner gifle Pierre.

12. Mère préparer linge enfants.

13. L'épicier apporte des œufs .... Maman.

14. Jean construit une niche .... son chien.

— La viande est vendue par le boucher.

15. Lait produire vache.

16. Enfants élever parents.

17. Les arbres sont taillés .... le jardinier.

18. Le malade .... examiné par le médecin.

19. Les pommes .... en octobre.

— Le chat poursuit la souris qui s'enfuit.

20. Maman servir soupe fumer.

21. Enfant regarder mère travailler.

22. L'étudiant écoute le .... qui lit.

23. L'apprenti regarde l'ouvrier qui ....

24. Pierre regardait le soleil .... se couche.

— Demain nous irons au verger ramasser des pommes tombées.

25. Demain Paul aller marché acheter beaux choux.

26. Hier Anne venir ville faire courses.

27. Hier nous ……… une promenade.

28. Aujourd'hui ……… restons à la maison.

29. ……… nous irons en ville manger au restaurant.

— Je viendrai à table lorsque le couvert sera mis.

30. Paul faire ski neige tomber abondamment.

31. Pierre baigner eau être plus chaude.

32. Il fait froid ……… la bise souffle.

33. Il est dangereux de circuler ……… il y a du verglas.

— L'écolier apprend ses leçons pour s'instruire.

34. Ménagère ouvrir fenêtre aérer.

35. Paysan labourer champ semer.

36. Le malade prend des médicaments ……… guérir.

37. Les vaches se rendent à la fontaine pour ………

38. Le campeur dresse sa tente pour ……… coucher.

— Les prunes que vous achetez sont mûres.

39. Fleurs vous cultivez être belles.

40. Vaches nous élever donner beaucoup lait.

41. Les champignons que nous avons cueillis sont ………

42. L'entrecôte ……… nous avons mangée était tendre.

— Hier Alfred a oublié son chapeau.

43. Demain Alfred venir chercher chapeau.

44. Aujourd'hui Alfred avoir cheveux mouillés.

45. Aujourd'hui c'est dimanche ……… c'était samedi.
46. ……… l'enfant se lèvera de bonne heure.
47. Je me lève ……… pour ne pas être en retard.
48. ……… avoir fait sa toilette l'enfant se couche.
49. L'enfant joue ……… un ballon.
50. Pierre n'est plus retourné dehors ……… il est malade.
51. Jeanne passe ses vacances ……… sa tante.
52. Pierre ira ……… vacances chez son oncle.
53. Les nuages sont poussés ……… le vent.
54. Il faut allumer la lampe ……… la nuit tombe.
55. Le beau temps vient ……… la pluie.
56. Anne se couche ……… elle est fatiguée.
57. Le jour vient après ……… nuit.
58. Le chien retient sa proie ……… les dents.
59. Nous traversons la rue ……… les passages cloutés.
60. Le taxi s'arrête ……… ma porte.

6. UTILISATION DES MARQUES MORPHOLOGIQUES.

   a) *Compléter un texte dont les marques morphologiques manquent.*

   Consigne : Lire le texte avec le malade.

   Une soirée au cinéma

   Jean et Françoise veu... aller au cinéma.

3 Ils attend... devant le guichet pour pren... leurs billets. L'attente est assez long... Quand ils sont dans la salle obscure ils aperçoi... deux places libres et ils les pren...

9 L'histoire du film est amusant... Françoise est heureu... de voir beaucoup d'anim...

11 Jean et Françoise passent une bon... soirée. Ils revien... chez eux en échan... leurs impressions.

   ———

   Il lui adresse quelques mots amica...

15 Le bijout... achète des pierres précieu...

   Il est bon d'avoir des amis secour...

   ———

17. L'hirondelle et le loriot ne vi......... pas ici en hiver.
18. Demain si le soleil brille il fe......... beau temps.
19. Avant de sortir reconnai......... donc vos parapluies.
20. Écrivez-moi à quelle heure vous arriv......... demain.
21. Il est temps que nous rentr......... à la maison.
22. Si tu m'avais donné ton adresse je t'a......... écrit.
23. Aujourd'hui les maçons construi......... le pigeonnier.
24. Les trains vont plus lente......... que les avions.
25. Beaucoup d'insectes sont nuis......... à l'agriculture.

   b) *Corriger un texte dont les marques morphologiques sont fausses.*
   Consigne : Lire le texte avec le malade.

Le loup

1   Une trompette sonnèrent bien loin dans la vallée. C'était ce bon Monsieur

    Séguin qui tentait un dernier effort.

2   Reviens! reviens! criait la trompe. Blanquette voula

3,4 revenir mais elle ne pouvit plus. Le mignon petit chèvre

5   entendut derrière elle un bruit de feuilles. Elle se

6,7 reternut et vit dans l'ombre deux œils qui reluisaient.

8   C'était une loup.

9. Dès que la nuit sont tombé nous rentrons à la maison.

10. Je souhaite que nous nous guérissiez rapidement.

11. Fais vos devoirs.

12. Il s'est asseoir sur un banc.

13. Je trouve que vous dépensons trop.

14. La semaine dernière les joueurs gagneront le match.

15. Demain vous finira votre ouvrage.

16. Autrefois les ours vivent dans nos forêts.

17. Il faudrait qu'il vient demain.

18. Je te suis coupé au doigt.

19. Je ronge son frein depuis une heure.

20. Vous finirez par se manger.

   c) *Choix de marques morphologiques.*

   Consigne : Lire les phrases avec le malade.
   Noter « oui » pour les phrases acceptées, « non » pour les phrases refusées.

1. Tu finissons tout de suite.
   Tu finissent tout de suite.
   Tu finis tout de suite.

2. Tu m'adresserons la réponse d'urgence.
   Tu m'adresserais la réponse d'urgence.
   Tu m'adresserions la réponse d'urgence.

3. Demain j'allais au bois de Vincennes.
   Demain j'irai au bois de Vincennes.
   Demain j'ai été au bois de Vincennes.

4. Une grand maison.
   Une grande maison.

5. Un jument brun.
   Une jument brune.
   Un jument brune.

6. Jeannette lave son petit main.
   Jeannette lave mon petit main.
   Jeannette lave sa petite main.
   Jeannette lave leur petit main.

7. CLASSIFICATION FONCTIONNELLE DES TERMES DE LA LANGUE

   a) *Association de mots* (MILLER).

   Consigne : A quel autre mot vous fait penser le mot : Insister sur le fait qu'il faut donner le premier mot qui vient à l'esprit. (On peut donner un exemple).

   1. lampe   4. noir   7. doux
   2. chaise   5. homme   8. montagne
   3. table   6. profond

   b) *Identification de la fonction de néologismes.*

   Consigne : Les phrases suivantes contiennent des mots inventés de toute pièce. « Qu'est-ce qu'ils peuvent bien dire »? « Par quoi peut-on les remplacer »? Consigner la réponse du malade in extenso. Pas de cotation ±. Si le malade ne donne aucune réponse, noter « impossible ». Les réponses exactes peuvent être données au malade pour les deux premières phrases s'il ne répond rien ou faux.

   1. Voilà un chat qui abache quelque chose.
   2. Voici un chien qui veut blacher un lièvre.
   3. Les singes détestent les mifilets.
   4. Grand'père fume du pan dans sa pipe.
   5. Peumi j'ai mangé du gâteau.
   6. J'ai mangé du gâteau peumi.
   7. Un léopard afrilu dévale la colline.
   8. La mariée porte une belle robe dravante.
   9. Il a plu hier dapivaro.
   10. Il doit arriver tricoratu.
   11. Je l'ai vu pas plus tard qu'almir.
   12. Le cheval est attaché vadru l'écurie.
   13. La soupe fume mar la table.

14. Les wagons sont tirés sévu la locomotive.

15. La mère parle à l'enfant, blu le félicite de sa conduite.

16. Les enfants vont pon l'école.

17. Rin la chambre, grand'mère se repose.

18. Pierre ouvre pan livre pour se mettre à travailler.

19. Nous allons nous promener pavan il fait beau.

20. Les plantes lan n'ont pas assez d'eau se fanent.

c) *Marques grammaticales ajoutées à des néologismes*

Consigne : Les phrases suivantes contiennent des mots réels et inventés. Il faut les accorder. Lire les phrases avec le malade. Noter les réponses in extenso.

Aujourd'hui je lis un livre.

1. Hier je .... un livre.

2. Aujourd'hui je suis en train de .... un livre.

3. Demain je .... un livre.

4. Si j'avais le temps je .... un livre.

Aujourd'hui je luche du gâteau.

5. Hier je .... du gâteau.

6. Aujourd'hui je suis en train de .... du gâteau.

7. Demain je .... du gâteau.

8. Si j'avais faim je .... du gâteau.

L'enfant toupit dans le jardin.

9. Hier l'enfant .... dans le jardin.

10. Aujourd'hui l'enfant est en train de .... dans le jardin.

11. Demain l'enfant .... dans le jardin.

12. S'il faisait beau l'enfant .... dans le jardin.

   Il est grand temps de pivattre les haricots.

13. Aujourd'hui vous .... les haricots.

14. Hier vous avez .... les haricots.

15. Dès qu'il fera beau vous .... les haricots.

16. S'il en avait la force il .... les haricots.

   Le chien est beau.

17. La .... est belle.

   Le manon est beau.

18. Les .... sont belles.

   Il a cassé un seul vertail.

19. Il a cassé trois ....

   Un arbanal vole.

20. Des .... volent.

   Le grand moivin court vite.

21. La grande .... court vite.

   J'ai acheté de beaux brimets.

22. J'ai acheté de belles ....

   J'ai vu un cheval tras.

23. J'ai vu des chevaux ....

24. J'ai vu une jument ....

   J'ai admiré des gilets ocrins.

25. J'ai admiré des robes ....

B. LES MOYENS DE MARQUER LA FONCTION DES TERMES DE LA PHRASE

a) *Place des éléments dans la suite linéaire.*

Consigne : Lire les phrases avec le malade. Marquer de « oui » les phrases acceptées, de « non » les phrases refusées.

a^1) *amalgame :*

1. Un abat-jour   Un jour-abat
2. Un monnaie-porte   Un porte-monnaie
3. Un fer à cheval   Un cheval à fer
4. Une terre de pomme   Une pomme de terre
5. Un essuie-mains   Un main essuie

a^2) *Noyaux de phrases actives et passives*

1. Le chat mange la souris.
   La souris mange le chat.
2. L'enfant a peur de la nuit.
   La nuit a peur de l'enfant.
3. La morte est souris.
   La souris est morte.
4. La fleur est fanée.
   La fanée est fleur.
5. Les remuants sont enfants.
   Les enfants sont remuants.
6. Le feu libre indique la voie verte.
   Le feu vert indique la voie libre.

a^3) *Ordre des modalités et négation.*

1ᵉ partie : à choix multiples.
Noter par « oui » les phrases acceptées, par « non » les phrases refusées.

2ᵉ partie : ordre à corriger.
Noter in extenso les corrections des malades.

1. Tu me le cachais.
   Tu le me cachais.

2. Je te le ne rends pas.
   Je ne te le rends pas.
   Je te ne le rends pas.
   Je le ne te rends pas.
3. Tu veux ce dessin? Je le te donne.
4. Je le ne crois pas.
5. Il faut s'en aller? Tu le me ne disais pas.

a⁴) *Place des monèmes et syntagmes autonomes.*

Consigne : Lire les phrases avec le malade.

Noter par « oui » les phrases acceptées, par « non » les phrases refusées.

1. Vite je lui réponds.
   Je vite lui réponds.
   Je lui vite réponds.
   Je lui réponds vite.

2. Demain il fera beau.
   Il demain fera beau.
   Il fera demain beau.
   Il fera beau demain.

3. Je suis hier allé me promener.
   Hier je suis allé me promener.
   Je suis allé hier me promener.
   Je suis allé me promener hier.
   Je suis allé me hier promener.

4. Je suis aujourd'hui en train de me reposer.
   Aujourd'hui je suis en train de me reposer.
   Je suis en train aujourd'hui de me reposer.
   Je suis en train de me reposer aujourd'hui.
   Je suis en aujourd'hui train de me reposer.
   Je suis en train de me aujourd'hui reposer.

5. De loin je vois ma sœur.
   Je vois ma sœur de loin.
   Ma sœur je vois de loin.
   Je vois de loin ma sœur.

   b) *Évocation de monèmes fonctionnels et de modalités.*
   Consigne : Lire les phrases avec le malade.
   Noter les réponses in extenso.

1. Je bourre ma pipe .... du tabac.
2. Pierre est tombé dans .... boue.
3. Je lave .... linge avec du savon.
4. Il plonge .... l'eau.
5. Il disparaît dans .... nuit.
6. Vous vous cachez .... la table.
7. Avant de manger vous .... laverez les mains.
8. Dès qu'elle est debout elle .... peigne devant la glace.
9. Elle balaie sous .... lits.
10. Vous mangerez .... la cuisine.
11. Après avoir lavé cette assiette vous .... lui donnerez.
12. .... laverons la vaisselle à la cuisine.
13. Pierre est malade vous .... donnerez cette potion.
14. L'oiseau est perché .... l'arbre.
15. Le plat est posé sur .... table.
17. La niche est installée .... la maison.
18. Je reviens .... marché.
19. Je vais .... lit.
20. Les enfants vont .... l'école.
21. Les enfants .... sont perdus dans la forêt.
22. Je reviens .... cinéma.
23. Pierre revient de .... école.
24. La lune s'élève .... de l'horizon.
25. Le maître donne de nouveaux cahiers .... élèves.

c) *Évocation de monèmes ou de syntagmes autonomes.*

Consigne : Lire les phrases avec le malade. Pour les 3 premières phrases seulement, donner à choisir entre hier, demain, aujourd'hui.

1. .... j'irai en ville.
2. J'ai rencontré mon ami ....
3. .... je suis en train de me reposer.
4. Aujourd'hui c'est lundi .... c'était dimanche.
5. .... le soleil se lève.
6. Les trains suivent l'horaire ....
7. La soupe est .... salée.
8. Les étoiles scintillent ....
9. Les écrevisses marchent ....
10. .... nous arrivons à la fin de ces exercices.

GRILLE

POUR LE DÉPOUILLEMENT ET LA NOTATION
DU PROTOCOLE D'EXAMEN DES AGRAMMATIQUES

ITEM 3 a. *Oppositions lexicales isolées et oppositions morphologiques.*

L'objectif de ce test est de mettre en évidence si les agrammatiques réussissent mieux les contraires lexicaux (type : vrai/faux) que les contraires morphologiques (type : *utile/inutile, visser/dévisser*, etc.) : si l'exercice est différentiel (par rapport aux Wernicke), nous devons trouver un pourcentage plus élevé d'échecs sur les contraires morphologiques chez les agrammatiques, en vertu de la base même de leur classification clinique.

Le test porte sur 50 mots, dont, en principe, 33 contraires lexicaux et 17 morphologiques. Mais cet exercice, qui est apparu à la phase exploratoire différentiel et facile à administrer du point de vue des médecins, soulève beaucoup de problèmes du point de vue linguistique.

C'est un test oral (les mots sont lus au malade).

a) Un premier problème naît des ambiguïtés de sens qui viennent de l'imprécision sémantique de la forme orale par rapport à la précision de la forme écrite sur le test (homophonies ou homonymies). Ex. : le mot entendu comme [alume] pourra être interprété comme allumer (contr. *éteindre*) ou *allumé* (contr. *éteint*). 16 mots de ce type ont été repérés : *faux, boucher, allumer, reposé, lever, charger, vivre, faire, commencer, laid, nuit, habiller, peu, envers, vissé, boutonner*. On pourrait concevoir d'autres homophonies possibles, sur *sale (salle), oui (ouïe), bien (biens)*, aucune ne pouvant a priori être rejetée comme impossible à rencontrer. Tous ces mots n'ont pas donné lieu à des réponses divergentes par ambiguïté. Mais de toute façon, ils ne posent pas de vrais problèmes : nous convenons d'accepter comme justes les réponses justes à toutes les interprétations correctes possibles : *reposé/travailler, boucher/ouvert* ou *ouvrir, allumer/ éteindre* ou *éteint*, etc.

b) Un autre problème naît des faits de polysémie
+ soit parce que le mot-stimulus a plusieurs significations
   ex. : *faux/vrai, loyal, juste*, etc.
+ soit parce que le mot-réponse attendu a des synonymes
   ex. : *faux/juste, exact, correct, bon* (cf. *problème faux*)
   faux/loyal, sincère, etc.
   faux/authentique, d'origine, etc.

(Ces problèmes recouvrent aussi ceux qu'on pourrait se poser pour distinguer le contraire, l'opposé, l'antonyme, le contradictoire, etc.) Ici aussi, pas de vrais problèmes : nous convenons d'accepter comme justes les réponses justes à toutes les interprétations correctes possibles (cf. les ex. ci-dessus concernant *faux*).

Autres ex. : *utile/inutile, nocif, nuisible, agréable*. Comment déterminer les interprétations correctes? D'abord, en produisant au moins un contexte de langue française où les deux termes sont habituellement opposables : ex. *animaux utiles/animaux nuisibles*. Ensuite, par la méthode des juges, employée par les psychologues et les sociologues : les questionnaires seront dépouillés 2 fois par 2 juges différents; et s'il y a lieu, les interprétations donnant lieu à conflit seront discutées par le séminaire. (Il y aura certainement de tels conflits : dans les dépouillements préliminaires, il y en a eu sur *boucher/ouvrir*, et *boucher/sauter*, par exemple).

c) Un problème plus délicat est celui qu'on pourrait appeler des réponses inattendues. Le questionnaire a été établi par des sujets linguistiquement normaux, très scolarisés (médecins et enseignants), ce qui a entraîné des choix de mots-stimuli liés à la fois à des habitudes scolaires fortement conservées, et à l'attente inconsciente d'une prépondérance de la langue écrite sur la langue parlée dans les réponses. Les dépouillements préliminaires permettent déjà des mises au point :

+ par ex. des stimuli qui semblaient appeler des réponses absolument univoques *(lever, charger, boutonner, plier*, ont déclenché des réponses du type : *lever/descendre, charger/descendre, boutonner/défaire, plier/ouvrir)*; dans ce cas, il s'agit presque toujours du problème posé par l'existence de synonymes, surtout parlés, du mot-réponse attendu. Ici encore, pas de problème : on recourra à la recherche du contexte qui explicite la réponse (ex. descendre le rideau métallique, etc.) combinée avec la méthode des juges. Cela permettra de résoudre des problèmes comme ceux qu'on a déjà rencontrés :

— par l'acceptation de *bruit/calme (= silence), couvrir/déshabiller, acheter-donner* (je l'ai *acheté*? non, on me l'a *donné:* une chose achetée s'oppose à une chose donnée).

— par le rejet de *bruit/tranquille*, ou *sale/propreté*, et *couvrir/nu* (parce que la destination même du test semble exiger ici que la confusion des catégories grammaticales soit sanctionnée avant de tenir compte de la recevabilité sémantique des réponses). Des réponses comme *boucher/charcutier* donnent une idée de quelques-uns des problèmes inattendus et qu'il faudra trancher. Il ne faut pas exclure, comme solution extrême, d'éliminer les stimuli pour lesquels on ne disposera d'aucun critère linguistique quant à l'interprétation de la réponse.

d) Un dernier groupe de problèmes concerne les contraires morphologiques

+ d'abord, il est bien entendu qu'il n'y a pas de « réponse-attendue » privilégiée : *propre*, choisi vraisemblablement pour appeler *sale*, peut provoquer aussi *impropre*, ou *malpropre* chacune de ces réponses est juste.

+ plus délicat est le problème posé par des réponses linguistiquement justes au point de vue morphologique (et révélatrices même sur ce plan) qui ressortissent tellement plus à l'usage parlé non décrit par les grammairiens, qu'on pourrait oublier qu'elles sont correctes :

— par ex. des réponses du type : pas + adjectif : *utile/pas utile; pas ordinaire, pas possible, pas connu*, etc.
non + adjectif : *non utile* (et même *guère utile*).

— ou du type *ne pas* + verbe : *ne pas visser* (et même *qui ne se plie pas, ne pas le plier*)

— ou du type *pas de* + substantif : *pas de chance*

— ou enfin, des formations normativement incorrectes, mais linguistiquement significatives de la conservation d'une aptitude à utiliser les marques morphologiques :
chance/méchance, lisible/inlisible, allumer/désallumer.

Rejeter de telles réponses ne paraît pas linguistiquement fondé : c'est toute la « grammaire des fautes », même chez les locuteurs normaux, qu'elles illustrent. Les rejeter aboutirait à tester soit la non-conservation ou la non-acquisition d'habitudes scolaires (les exercices sur la construction des contraires morphologiques normatifs), soit la dominance de la langue parlée *(pas utile, pas ordinaire)* sur la langue scolaire chez le sujet, soit le niveau scolaire *(in-lisible)*. Ici encore, c'est la méthode des juges qui tranchera sur la base des considérations ci-dessus.

La fréquence et la difficulté de ces problèmes nous font demander que, sur les questionnaires, le testeur décrive aussi explicitement que possible la ou les facilitations auxquelles il a recours, en en transcrivant les termes mêmes, au moins dans l'essentiel : c'est une aide importante au moment de résoudre les problèmes d'interprétation.

e) Outre ces problèmes d'interprétation linguistique des réponses, l'item 3a pose un problème de cotation des réponses.

+ si nous avions réussi à construire une liste de 50 termes appelant de manière univoque un contraire lexical *ou* un contraire morphologique, la cotation aurait été facile, exprimée pour chaque malade par des fractions : 23/33 contraires lexicaux justes, 7/33 faux, etc...; et toutes les cotations auraient été comparables entre elles. Comme le total des contraires analysés, d'une part, et le total des contraires lexicaux et des contraires morphologiques, d'autre part, vont pouvoir être différents pour chaque malade, étant donné les règles d'analyse et d'interprétation ci-dessus, il faudra exprimer les cotations en pourcentage : 61 % de contraires morphologiques justes, etc...

+ nous nous sommes posé, à propos d'un certain nombre de réponses difficiles à interpréter par une cotation binaire (juste ou faux), la question de savoir s'il y aurait un intérêt à rechercher une cotation plus fine, ternaire (du type : juste, non-faux, faux), ou scalaire (du type de celle-ci classerait les contraires donnés au stimulus *froid/glacé, chaud, tiède, brûlant, torride*, etc...). Nous avons jugé que ce raffinement, qui n'aurait peut-être pas été possible, était au surplus sans intérêt dans la présente recherche où ce n'est pas l'adéquation sémantique qui est testée. Dans l'exemple ci-dessus, tous les contraires seraient acceptés comme lexicalement justes.

ITEM 3 b. *Métiers et lieux où ils sont exercés.*

L'objectif de ce test est de mettre en évidence la manière dont les agrammatiques manient (ou non) la morphologie suffixale. Pour les médecins, le test est facile à administrer et se révèle à la phase exploratoire une assez bonne épreuve différentielle.

Il porte sur 25 termes. Leur présentation est orale. Ce test pose également beaucoup de problèmes linguistiques, qui se sont révélés lorsqu'il a été mis à l'épreuve à titre exploratoire.

Beaucoup de réponses offrent des difficultés d'interprétation : elles s'expliquent en général par la différence profonde d'attitude devant ce test, des agrammatiques et des autres malades. Il semble qu'en général l'agrammatique comprend la signification de l'exercice. Pour les autres, au contraire, des troubles sémantiques interfèrent. Le problème consiste à s'accorder sur des règles d'analyse et d'interprétation des réponses, qui permettent une notation homogène, quels que soient les types de malades.

a) Un premier problème se pose : que faire dans le cas fréquent où la réponse au mot stimulus est une phrase? On considérera que, si le mot-réponse attendu est inclus dans cette phrase, le problème est résolu.

b) Un autre problème est celui des réponses inattendues et sémantiquement fausses.

+ par ex. boulanger > pétrin, bijoutier > articles d'or, etc. Nous interpréterons de telles réponses comme fausses, parce qu'elles ne répondent pas correctement à la question, même si notre cotation sanctionne ainsi une perturbation de la compréhension et non l'inaptitude à manier les marques morphologiques. D'une part, en effet, la consigne est prévue pour être *variée et répétée jusqu'à ce que le malade ait compris ce qu'on attend de lui;* d'autre part, il n'est pas possible d'adopter une autre solution sans altérer complètement la signification des chiffres qu'on obtiendra et rendre impossible leur comparaison.

c) Mais les mots-réponses peuvent ne pas être le mot attendu (boulanger > boulangerie) tout en restant sémantiquement justes.

— par ex. mineur > dans une fouille de terrain
    peintre > dans les meubles et aussi au-dehors des immeubles
    pilote > en l'air
    peintre > il fait de la peinture n'importe où
    directeur > partout
    acteur > Comédie française
    infirmier > chez un médecin

Dans tous ces cas, le mot-stimulus était mal choisi, parce qu'il n'appelait pas une réponse lexicale (acteur > théâtre) ou morphologique (boulanger > boulangerie) rigoureusement univoque : c'est le cas de *peintre, directeur, maire* (> mairie, mais aussi > à la ville, l'hôtel-de-ville) et même *acteur* ou *infirmier*.

Ici encore, accepter la réponse comme juste, parce qu'elle est sémantiquement correcte, fausserait le sens du test tout entier. La seule solution paraît de recommander au testeur d'utiliser toutes les latitudes offertes par la consigne, afin que le malade comprenne bien ce qu'on attend de lui (donc fournir des modèles du type boulanger > boulangerie, cuisinier > cuisine, etc... pour remédier aux premiers échecs). L'ultime recours, pour éviter de fausser toutes les cotations, sera d'éliminer les stimuli qui auraient appelé une réponse incotable dans la perspective du test, par ex. *mineur* > dans une fouille de terrain.

d) Au contraire, toutes les fois que la réponse au stimulus n'est pas un dérivé, mais une forme lexicale non dépendante (ex. pilote > avion), on peut accepter tous les synonymes de cette réponse sans risquer de fausser le sens du test (ex. : pilote > navire, directeur > bureau, usine, vendeuse > boutique, magasin, commerce, monoprix, etc...).

e) Certaines réponses font difficulté, parce qu'elles sont morphologiquement justes à partir d'un glissement sémantique : ex. : pâtissier > boulangerie, librairie > papeterie. En toute rigueur, on ne saurait affirmer qu'il y ait ici conservation de l'aptitude morphologique; mais il semble bien qu'on faussera moins les résultats statistiques en comptant de telles réponses comme justes, qu'en les comptant comme fausses.

f) Naturellement, la prise en considération de toutes ces interprétations implique, comme pour l'item 3a, qu'on ne pourra pas opérer sur des dénombrements comparables en valeur absolue. Prévu comme devant appeler 8 réponses lexicales et 17 morphologiques, l'item pourra donner des répartitions différentes pour chaque malade. Il faudra donc convertir les résultats en pourcentages.

g) Enfin, bien que l'item n'ait pas été construit rationnellement pour en tenir compte (c'est une lacune de notre part), on aura intérêt à analyser les résultats selon les 3 catégories classiques de dérivés :

+ 2 progressifs par addition
            type : maire > mairie

+ 9 progressifs par substitution (type : directeur > direction). Ici, les seuls exemples portent sur des substitutions subtiles, mais linguistiquement significatives : les passages de [e] (boulanger) ou [je] (épicier) ou [jɛr] (mercière) ou [oer] (imprimeur) à [əri] avec les alternances [e/ə], ou [e/ö] etc. : boulanger, épicier, charcutier, teinturier, pâtissier, bijoutier, infirmier, mercière, imprimeur.

+ 6 régressifs : cuisinier, jardinier, fermier, postier, mineur, journaliste.

ITEM 4 a. *Dénomination sur image d'objets constituant un paradigme ou une collection : la demeure.*

Cet item vérifie la possession d'un certain nombre d'éléments constituant un paradigme lexical et sémantique. Les résultats semblent n'avoir aucune valeur différentielle; or, il devrait en avoir, si l'hypothèse de JAKOBSON (qu'il y a deux grands groupes de troubles du langage, par atteinte soit de la faculté paradigmatique, soit de la faculté syntagmatique) était vérifiée.

Pour la cotation, une seule précaution à prendre : ne pas s'en tenir à la réponse normative attendue : ce que tel locuteur appelle un château, d'autres peuvent le nommer *demeure, manoir, résidence*, etc.

ITEM 4 b. *Dénomination sur image d'objets constituant un paradigme ou une collection : le couvert.*

Mêmes observations que pour 4 a.

ITEM 5 a. *Augmentation du coût d'encodage (détresse verbale)*
Dénommer les objets sur images, puis faire une phrase avec chaque substantif

Le test est différentiel par définition, puisqu'il met à l'épreuve la conservation de l'aptitude à faire des phrases. (La partie qui consiste à obtenir une simple dénomination de l'objet ne l'est pas, comme 4 a et 4 b).

a) Tous les problèmes soulevés par le traitement linguistique des réponses demandées sous forme d'énoncé, ou de phrase, seront exposés ultérieurement (cf. chapitre du texte : résultats).

b) Pour la cotation du mot isolé obtenu d'abord, il suffit de répéter ici aussi qu'il faut accepter toutes les réponses sémantiquement valides : ex. : *pain*, mais aussi *baguette*, etc..., *auto*, mais aussi *voiture*, *bagnole*, mais aussi 2 *CV*, *R4*, etc...

ITEM 5 b. *Trouver le verbe dont on mime l'action et faire une phrase contenant ce verbe.*

Mêmes observations que pour 5 a.

Quelques problèmes d'interprétation peuvent être posés par des réponses de ce type : geste d'applaudir bravo, bis. Les dénominations doivent être comptées justes, car la consigne n'est pas « trouvez un verbe » (ce qui testerait des connaissances scolaires), mais « qu'est-ce que je fais? ».

ITEM 5 c. *Trouver un verbe par image et une phrase avec chacun de ces verbes.*

Mêmes observations que 5 a et 5 b.

ITEM 5 d. *Phrases à construire et à compléter d'après un modèle.*

+ Mêmes observations que pour 5 a, 5 b, 5 c.

+ Toutefois, l'item appelle de la part des médecins, à la phase exploratoire, des observations particulières. Il est difficile à administrer aux agrammatiques, mais très différentiel. De plus, il mettra peut-être en évidence une facilité relative à obtenir des termes appartenant aux classes ouvertes (noms, verbes, adjectifs; peut-être adverbes?), à la différence de ceux appartenant aux classes fermées (fonctionnels, modalités).

+ Quelques problèmes de cotation peuvent se présenter :

— celui des inattentions du patient :
utilisation de *choisit* dans la réponse, au lieu de *prépare* (stimulus) (phrase 3); suppression d'un terme existant dans les stimuli : *beaux* (phrase 25). Nous sommes d'avis de ne pas pénaliser ces inattentions qui ne portent pas sur ce qui est proprement mis à l'épreuve dans l'item.

— celui des consignes non observées :
par ex., à partir de la phrase 20, la phrase modèle comporte l'emploi du relatif *qui*. A la phrase 21, on trouve la réponse : « l'enfant regarde la mère travailler ». La

valeur syntaxique de la réponse est certaine : il y a maniement correct des stimuli *regarder > regarde, mère > la mère*, et peut-être *travailler*. Mais si l'on veut que les chiffres obtenus soient significatifs, il faut compter de telles réponses comme fausses dans la mesure où elles ne testent pas la disponibilité de l'élément syntaxique visé par l'épreuve (*ici* : qui).

— Au contraire, à partir de la phrase 48, il est évident qu'il n'y a pas de mot fonctionnel univoque attendu et que tous les synonymes syntaxiquement corrects sont bons (phrase 50 : car = parce que = puisque = surtout que = etc...).

ITEM 6 a. *Compléter un texte dont les marques morphologiques manquent.*

+ Cet item, très difficile à administrer, parce qu'il demande beaucoup de temps et de persévérance avec les agrammatiques, est considéré comme probablement différentiel par les médecins.

+ Ici aussi, on se posera le problème des réponses inattendues, mais morphologiquement et sémantiquement acceptables :
ex. : p. 19, ligne 8-9 : « *beaucoup d'anim...* » (*-aux*, ou *-ation*).

+ Peut-être la langue du test, trop scolaire, trop écrite, provoquera-t-elle d'autres difficultés : p. 19, ligne 16 :
— « *secour...* » (*-able*) est-il du vocabulaire disponible de tous les locuteurs?

ITEM 6 b. *Corriger un texte dont les marques morphologiques sont fausses.*

+ Mêmes observations que pour 6 a : il y a des réponses morphologiquement et stylistiquement acceptables :

(*sonna* ou *sonnait*, *voulut* ou *voulait*, etc...), surtout si l'on tient compte, ici aussi, de l'écart entre la langue écrite et la langue parlée, qui rend le passé simple peu probable pour certains niveaux culturels.

ITEM 6 c. *Choix de marques morphologiques.*

Rien à signaler.

ITEM 7 a. *Classification fonctionnelle des termes de la langue associations de mots (Miller).*

+ Rien à signaler, sauf que, si le malade répond par une phrase, la réponse doit être comptée fausse, la consigne n'ayant pas été comprise.

ITEM 7 b. *Identification de la fonction de néologismes.*

Cet item est très difficile pour tous les malades et, pour cette raison, risque de ne pas être aussi différentiel qu'on l'aurait cru. Cependant, il met en évidence, chez les agrammatiques, la conservation du pouvoir d'identifier des fonctions syntaxiques.

+ Le fait que certains néologismes *(abacher)* peuvent suggérer des réponses par analogie phonique *(abacher > cacher)* sera considéré comme sans importance pour la cotation.

+ Le fait qu'un même néologisme (*peumi*, phrases 5 et 6) soit utilisé 2 fois dans des fonctions syntaxiques différentes, dues aux positions qu'il occupe, n'entraînera pas qu'il doive garder la même classe syntaxique. La validité de la réponse de chaque phrase sera jugée isolément; et l'adéquation syntaxique passera avant la cohérence sémantique. « Il doit arriver tricoratu » = « à cor et à cri » est une réponse juste.

+ On prendra garde qu'une même position peut être occupée par des classes syntaxiques très diverses (peumi = moi, après dîner, Pierre, etc...) de celle qui est attendue comme la plus vraisemblable. (dapivaro et tricoratu, phrases 9 et 10, par exemple).

+ Il faudra également tenir compte (sauf si les dépouillements nous imposent de réviser notre attitude sur ce point) du fait qu'il est plus important pour cet item, de considérer la catégorie syntaxique obtenue plutôt que la partie du discours traditionnelle : le fait que *dravante* > *en dentelles* implique d'abord la justesse de la réponse (2 expansions lexicales équivalentes en tant que telles, et donc correctes ici).

ITEM 7 c. *Marques grammaticales ajoutées à des néologismes.*

Cet item semble, à la phase exploratoire, très difficile pour tous les malades.

+ Ici aussi, on devra être très vigilant pour accepter toutes les réponses justes possibles soit syntaxiquement (ex. : phrase 3 : « demain, je [*lirai* ou *lis*] un livre), soit morphologiquement (ex. : phrase 9, *toupit* peut renvoyer à des infinitifs très divers : toupir (finir), toupire (rire), toupivre (vivre), toupire (élire) au présent; au passé simple, il renvoie à des infinitifs de type ouvrir, servir, voir, asseoir, fondre, battre, mettre, faire). (Il sera intéressant de voir si ces possibilités se rencontrent dans les réponses).

+ Des difficultés d'interprétation peuvent naître d'altérations phoniques infligées aux stimuli néologiques (un vertail > des versaux; moivin > moivaine). En principe, il faut tester uniquement l'aptitude à manier la marque morphologique et compter de telles réponses comme justes. Certaines réponses poseront des cas d'espèce à discuter (moivin > mouette; brimets > brimades, etc...).

ITEM 8 a. *Les moyens de marquer la fonction des termes de la phrase.* — *place des éléments dans la suite linéaire.*

Rien à signaler.

ITEM 8 b. *Évocation de monèmes fonctionnels et de modalités.*

+ Ici aussi, se défier de la réponse attendue et penser à toutes les réponses justes possibles, avant d'en rejeter une : « vous vous cachez *avec* la table » est une réponse juste (le malade pense à une autre situation que la plus fréquente); « vous mangez *avant* la cuisine » a un sens dans certaines situations (employés de mess, de restaurant : la cuisine = le personnel de la cuisine).

ITEM 8 c. *Évocation de monèmes ou de syntagmes autonomes.*

+ Même vigilance devant les réponses inattendues, mais justes : ex. : « *aujourd'hui*, j'irai en ville » (malgré la construction de l'épreuve qui suggère *demain*).

TABLE DES MATIÈRES

Chapitre I.   Rappel historique et définition   5

Chapitre II.   Position du problème et études neurolinguistiques récentes de l'agrammatisme   19
- A. Position du problème   19
- B. Hypothèses physiopathologiques   20
- C. Traits définitoires de l'agrammatisme   21

Chapitre III.   Méthodes   29
- A. Formulaire d'examen   29
- B. Population   33
- C. Syntaxe de référence   34
- D. Dépouillement des résultats   38

Chapitre IV.   Résultats   41
- A. Analyse quantitative des items 3, 4, 6, 7, 8 du protocole d'examen   41
- B. Analyse quantitative et qualitative des items 5 a b c et 5 d .   43

Chapitre V.   Nature du syndrome agrammatique   61
- A. Traits définitoires   61
- B. Description générale du syndrome agrammatique . . .   63
- C. Hypothèses physiopathologiques incompatibles avec cette description   65
- D. Unicité et spécificité du syndrome agrammatique . . .   66
- E. Agrammatisme et syntaxe de l'enfant   70

Chapitre VI.   Les différents aspects cliniques de l'agrammatisme   73
- A. Existe-t-il des aspects cliniques différents de l'agrammatisme?   73
  - 1. Agrammatisme avec gros troubles morphologiques . .   94
  - 2. Agrammatisme sans gros trouble morphologique . . .   95
  - 3. Agrammatisme avec dysprosodie   96

B. Contexte clinique, neurologique et aphasique de l'agrammatisme 98
   C. Interprétation psycho-linguistique des aspects cliniques de l'agrammatisme 100

Chapitre VII. Hypothèses physiopathologiques 107
   A. Hypothèses générales 107
   B. Physiopathologie des divers aspects cliniques de l'agrammatisme 112
      1. Pseudo agrammatisme dysprosodique. 112
      2. L'agrammatisme vrai et ses deux versants 112

Bibliographie 121

Index alphabétique des auteurs et des matières 125

Annexes   Protocole d'examen des agrammatismes expressifs . 129
           Grille de dépouillement 145

Table des matières 153